国家职业技能等级证书评价改革培训教材·汽车维修工

汽车车身整形修复工

（五级、四级、三级）

广州市交通运输职业学校　　组织编写
广州市机动车维修行业协会

李贤林　主　编

人民交通出版社股份有限公司

北京

内 容 提 要

本书为"国家职业技能等级证书评价改革培训教材·汽车维修工"之一。全书共三个项目,内容包括汽车车身损伤检测、汽车车身零部件拆装与更换、汽车车身部件损伤修复。

本书可作为汽车车身整形修复工职业技能等级评定培训、企业培训教材,也可供职业学校教学和有关人员自学使用。

图书在版编目(CIP)数据

汽车车身整形修复工:五级、四级、三级/李贤林主编. —北京:人民交通出版社股份有限公司,2023.4
ISBN 978-7-114-18488-8

Ⅰ.①汽… Ⅱ.①李… Ⅲ.①汽车—车体—车辆修理 Ⅳ.①U472.4

中国版本图书馆 CIP 数据核字(2022)第 256219 号

Qiche Cheshen Zhengxing Xiufugong(Wuji、Siji、Sanji)

书　　名:	汽车车身整形修复工(五级、四级、三级)
著 作 者:	李贤林
责任编辑:	翁志新　张越垚
责任校对:	孙国靖　宋佳时
责任印制:	张　凯
出版发行:	人民交通出版社股份有限公司
地　　址:	(100011)北京市朝阳区安定门外外馆斜街 3 号
网　　址:	http://www.ccpcl.com.cn
销售电话:	(010)59757973
总 经 销:	人民交通出版社股份有限公司发行部
经　　销:	各地新华书店
印　　刷:	北京市密东印刷有限公司
开　　本:	787×1092　1/16
印　　张:	12.5
字　　数:	290 千
版　　次:	2023 年 4 月　第 1 版
印　　次:	2023 年 4 月　第 1 次印刷
书　　号:	ISBN 978-7-114-18488-8
定　　价:	39.00 元

(有印刷、装订质量问题的图书,由本公司负责调换)

国家职业技能等级证书评价改革培训教材·汽车维修工编写委员会

主 任 委 员 姚卫红　张志勤

副主任委员 谭宇新　张燕文　巫兴宏　肖泽民

委　　　员 （按姓氏笔画排序）

　　　　　　　王　锋　王婷婷　艾　刚　代　军　冯明杰　宁英毅
　　　　　　　朱伟文　刘　戈　刘玉茂　刘健烽　李大广　李贤林
　　　　　　　肖伟坚　肖泽民　何　才　余程刚　沈洪涛　张东燕
　　　　　　　张　发　张光严　张会军　张润强　张锦津　陈楚文
　　　　　　　胡锡锑　胡源卫　黄小镇　黄鸿涛　梁焰贤　揭光明
　　　　　　　谢　明　蔡楚花　熊　汉

FOREWORD

前　言

为响应国务院关于深化"放管服"的工作要求和推进国家职业资格制度改革，将技能人员水平类评价由政府许可改为实行社会化职业技能等级认定，便于汽车维修从业人员持续学习和考取相应的职业技能等级证书，促进汽车维修行业从业人员的技能提升，广州市交通运输职业学校与广州市机动车维修行业协会联合编写了"国家职业技能等级证书评价改革培训教材·汽车维修工"系列培训教材共6册，分别是《汽车机械维修工(五级、四级、三级)》《汽车电器维修工(五级、四级、三级)》《汽车车身整形修复工(五级、四级、三级)》《汽车车身涂装修复工(五级、四级、三级)》《汽车维修检验工(五级、四级、三级)》《汽车美容装潢工(五级、四级)》。

本系列培训教材以《国家职业技能标准——汽车维修工》(2018年版)为依据，以汽车售后服务企业岗位群的职业能力需求为导向，结合当下汽车产业发展趋势和汽车维修行业新技术、新规范、新工艺、新材料编写而成。

本系列教材编写过程中对接行业和知名汽车厂商的技术标准，根据汽车维修工工作岗位技能和知识要求，整合成典型工作任务。在内容上明确任务适用级别，图文并茂阐述专业知识，用表格形式规范任务操作过程，并客观评价任务完成质量，从而满足汽车维修岗位从业人员职业技能等级证书培训和认证需求，亦满足从业人员的继续教育学习需求。

本书是国家职业技能等级证书评价改革培训教材之一，由广州市交通运输职业学校李贤林担任主编，广州市交通运输职业学校胡锡锑、王婷婷担任副主编，参加编写的还有广州市机动车维修行业协会余程刚，深圳市龙岗职业技术学校王锋，佛山市顺德区中等专业学校黄鸿涛，广州市交通运输职业学校谢明、刘健烽、沈洪涛。具体编写分工为：王婷婷编写项目一任务1、2，沈洪涛编写项目一任务3，谢明编写项目二任务1、2、3，刘健烽编写项目二任务4、5、6，胡锡锑编写项目二任务7、8，黄鸿涛编写项目三任务1、2、3，王锋编写项目三任务4、5、6，余程刚编写项目三任务7，李贤林编写项目三任务8。全书由李贤林统稿。

由于编者学识和水平有限，书中难免有不妥之处，恳请使用本教材的老师和学生批评指正。

编　者
2022年12月

目 录

项目一　汽车车身损伤检测 …………………………………………………………… 1
　任务1　汽车车身覆盖件损伤检测(五级) …………………………………………… 1
　任务2　汽车车身结构件损伤检测(四级) …………………………………………… 8
　任务3　汽车车身损伤检测与诊断(三级) …………………………………………… 25

项目二　汽车车身零部件拆装与更换 ………………………………………………… 36
　任务1　汽车前后保险杠拆装与调整(五级) ………………………………………… 36
　任务2　汽车前翼子板、前照灯拆装与调整(五级) ………………………………… 44
　任务3　汽车车门内饰板、车门玻璃拆装与调整(五级) …………………………… 55
　任务4　汽车发动机舱盖、行李舱盖拆装与调整(四级) …………………………… 65
　任务5　汽车座椅、天窗拆装与调整(四级) ………………………………………… 73
　任务6　汽车前(后)风窗玻璃拆装(四级) …………………………………………… 80
　任务7　汽车后翼子板更换(三级) …………………………………………………… 87
　任务8　钢铝混装车身结构板件更换(三级) ………………………………………… 96

项目三　汽车车身部件损伤修复 ……………………………………………………… 109
　任务1　汽车前翼子板凹陷型损伤修复(手工维修)(五级) ………………………… 109
　任务2　汽车车门外板平坦表面损伤修复(五级) …………………………………… 115
　任务3　汽车保险杠损伤修复(五级) ………………………………………………… 122
　任务4　汽车车门外板棱线(撕裂)损伤修复(四级) ………………………………… 129
　任务5　汽车发动机舱盖板棱线(穿孔)损伤修复(四级) …………………………… 139
　任务6　汽车车门框架损伤校正(四级) ……………………………………………… 147
　任务7　汽车前纵梁损伤校正与切割更换(三级) …………………………………… 156
　任务8　铝车身板件损伤维修与焊接(三级) ………………………………………… 170

模拟试题 ………………………………………………………………………………… 183

参考文献 ………………………………………………………………………………… 194

项目一　汽车车身损伤检测

项目描述

汽车车身损伤检测是车身维修工作的重要环节之一。

汽车车身损伤检测一般分为维修前检测、维修过程中检测和维修后检测三个步骤。维修前检测,旨在确认车身损伤状态并评估车身损伤变形程度;维修过程中检测,有助于对修复过程的质量进行有效控制;维修后检测,为验收和质量评估提供可靠的数据。汽车车身损伤检测是顺利完成各种碰撞修复所必需的内容。

本项目通过对汽车车身覆盖件、结构件以及汽车车身整体结构损伤检测的相关知识讲解,结合任务实施和任务评价,使读者理解并掌握汽车车身损伤检测相关的知识和技能。

任务1　汽车车身覆盖件损伤检测(五级)

▶ 建议学时:2学时

考核要求

一、知识要求

1.掌握目测检查车身覆盖件损伤的方法。
2.掌握车身覆盖件测量工具的使用方法。

二、技能要求

1.能通过目测、触摸等方法初步判断车身覆盖件损伤。
2.能使用测量工具,采用对比法检测车身覆盖件损伤。

任务准备

汽车在使用过程中,会有多种原因造成车身覆盖件上出现坑、包、划痕、裂纹、褶皱、拉延、压痕等。因车身覆盖件的坑、包属于常见缺陷并且不容易被检查出来,所以,必须采取相关的方法进行检查。下面介绍各类损伤的检查方法。

一、目视法

通过人的肉眼观察,直接发现车身凹坑的位置及类型,即为目视法。这种检查方法容易、快捷,通常是利用充足的光线,采取一定的角度对车身各部位进行仔细观察,但需要检查者有丰富的实际生产经验。

由于车身覆盖面感光度比较差,对于一些小凹坑用目视法检查难度比较大,必须借助荧光灯进行照明检查。在灯光的折射作用下,检查者很容易发现这种坑、包并标记出来,如图1-1、图1-2所示。

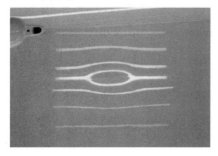

图1-1 目视法检查

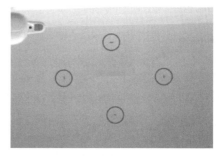

图1-2 标记出上下左右边缘

二、触摸法

触摸法是车身覆盖件损伤检查的一种主要检查方法。由于车身覆盖面感光度比较差,一些漆面上的坑、包很难用目视法检查出来。用手掌触摸车身覆盖面,凭手掌的敏感度可以发现这些坑、包,如图1-3所示。

触摸法检查要手掌放平、手指并拢,将手掌放在需要检查的部位与车身覆盖件贴合,用适当的力在贴合面上往返运行,摸到凹凸处时会有异样的感觉。

三、按压法

按压法是车身覆盖件强度检查的一种方法,即用拇指按压车身覆盖件到指尖变白即可,对比受损处和未受损处钢板的强度变化,检查整个钢板的强度,如图1-4所示。

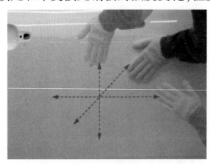

图1-3 触摸法

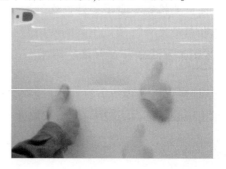

图1-4 按压法

四、对比法

对比法是通过对比受损处与未受损处,标记出凸起的位置。从未损伤位置开始移动直尺,通过查看直尺与门板之间的空隙判断受损范围,检查凹陷周围是否有凸起,若钢板受损面积较大,则使用另一侧钢板做对比,如图1-5所示。

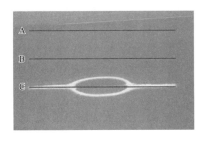 

图 1-5　对比法

五、油石法

如图 1-6 所示,油石法可以检查出车身覆盖件上坑、包缺陷位置及大小,以及检查修复过程中缺陷变化的情况。油石的使用方法如下。

(1)油石在运行过程中,应注意要与表面件紧密贴合,运行力度要均匀适中,不要用力过大,作用力要均匀分布在油石作用面上,不可倾斜一侧。

(2)在检查弧面时,要把油石倾斜一定角度,角度的大小与弧面的弧度有关,弧度越大,倾斜的角度越大。

(3)油石在车身的表面上每次运行的痕迹宽度要超过油石宽度的一半,调整油石与运行方向的角度,可以增加运行面的宽度。

(4)油石在检查时,运行的距离与检查的位置有关,行程要保持一定长度,不可以过长或过短。通过油石在车身覆盖面划过时产生的痕迹来显示表面的实际凹陷和凸起状况,油石磨痕在车身覆盖面形成突出的亮点即为凸起包,油石磨痕在车身覆盖面断续的部位即为凹陷坑。

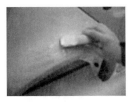  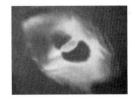

图 1-6　油石法

任务实施

一、实训资源

(1)实训场地:汽车车身损伤检测实训室。
(2)实训车辆及零件:白车身、车身覆盖件、车身零件固定支架等。
(3)工具耗材与设备:油性笔、直尺、样板规、车辆防护套等。

二、安全注意事项

(1)操作人员应穿着工作服和工作鞋、戴工作帽,佩戴好护目镜和口罩,做好个人防护。
(2)车门板损伤检测时,做好车辆内、外部的保护。

三、操作过程

1. 准备工作

汽车车门板损伤检测的安全防护见表1-1。

汽车车门板损伤检测的安全防护　　　　　表1-1

防护用品名称	防护用品功能	质量标准及记录
工作服	在车门板损伤检测时,能够保护身体;应具备抗油、防静电、耐磨等功能	□应是长袖、耐磨、宽松 □应是透气性、吸汗性能好 □应是无金属装饰 □能防灰尘和油污
工作帽	在车门板损伤检测时能够保护头部	□应是防碰撞鸭舌帽 □应是两侧或后部能透气 □能防灰尘和油污
护目镜	在车门板损伤检测时,保护眼睛不受灰尘和各种飞溅物的伤害	□应是透光度好 □应是佩戴舒适 □能有效防止高速粒子冲击
工作鞋	带有金属头的安全鞋可以保护脚不受坠落物品的砸和挤压;鞋面应是阻燃材料,鞋底能够防滑、防油污、防静电;脚趾部分由金属覆盖,鞋底由厚的胶皮构成	□应有金属头保护 □应是阻燃材料 □能防滑、防油污、防静电

2. 检测步骤

汽车车门板损伤检测操作方法及说明见表1-2。

汽车车门板损伤检测操作方法及说明　　　　　　　表1-2

步骤	操作方法及说明	质量标准及记录
1. 清洁除油	(1)穿戴好清洁作业的劳动保护用品。 (2)除尘，用空气枪由上至下对车门外板进行除尘处理。 (3)除油，将除油剂喷在擦拭纸上，用一湿一干擦拭纸沿一个方向对门板进行清洁	□应了解劳动保护用品的要求 □应了解除尘、除油的方法 □能按照标准的工艺要求进行除尘、除油
2. 目视法判断	(1)目视初步判断。当判断损伤区域时，检查者朝向损伤区域并直视损伤区域，同时不断移动目视的角度。 朝向损伤区域并且直视损伤区域 (2)使用荧光灯对钢板表面进行照射，观察钢板上反射的光线，利用钢板反射的光线来判断损伤范围和变形的程度	□会利用灯光或阳光查看损伤情况 □能通过目视检查评估受损范围 □能判断受损部位的上下左右边缘 □能够确定直接损伤和间接损伤的大致程度及范围
3. 触摸法检测	(1)站在靠近车辆处，接近受损区的前后方，戴好手套，手掌放平，手指并拢，将手放在需要检查的部位。手掌要和车门板贴合，用适当的力贴合面上往返运行。 站于靠近车辆处(接近受损区域的前后方)，并且触摸钢板面 (2)用手掌从未受损门板表面开始到损伤部位再到未受损伤门板表面进行米字形状的触摸，检查门板表面的凹陷和凸起。	□触摸时从未受损区开始，贯穿损伤区域再到未受损区域 □会使用米字形状进行触摸 □能按照标准触摸出凹陷部位

续上表

步骤	操作方法及说明	质量标准及记录
3.触摸法检测	提示： ①为了避免摩擦并防止手掌被钢板表面毛刺刮伤，需要佩戴棉线手套进行； ②中指和掌心靠前的位置触觉比较灵敏； ③采用触摸法必须全方位大范围地触摸才可以感知车身部件表面的凹陷和突起	
4.对比法检测	使用门板样板规或直尺从未损伤位置开始测量，慢慢往下移动，通过查看样板规或直尺与门板之间的间隙，判断受损与未受损区域间隙间的差异，在测量移动过程中特别要检查损伤凹陷周围凸起应力集中点的位置，并用笔做好标识。连接这些标识点，最后确定损伤范围 直尺	□会正确使用专用样板尺或直尺对比检测损伤 □能正确标识车身部件受损范围
5.按压法检测	（1）用大拇指按压，拇指需要施加适当的压力，通常拇指前端指甲变白即可。 （2）对比受损处和未受损处钢板的强度变化，检查整个钢板的强度。 （3）评估出受损部位是否存在延展或者高点	□应了解按压法的作用 □能分析压力和强度的关联 □能正确操作按压法 □能评估出受损部位是否存在延展或者高点

续上表

步骤	操作方法及说明	质量标准及记录
6.标记损伤范围	(1)使用油性笔标记受损部件损伤范围。 (2)对损伤区域的高点位置使用"×"标识。 (3)对损伤区域的低点位置使用"O"标识	□标识损伤范围 □标识高点位置 □标识低点位置
7.完工整理	车辆、工具、设备场地整理和复位	□按5S要求整理

任务评价

汽车车门板损伤检测考核评分记录见表1-3。

汽车车门板损伤检测考核评分记录表　　　　　表1-3

类别	序号	项目	考核内容及要求	配分	评分标准(各项配分扣完为止)	得分
专业知识(20分)	1	损伤评估的方法	正确描述目视法使用方法和要点	4	能回答问题,但回答不完整,按比例扣分;不能回答,扣4分	
			正确描述触摸法使用方法和要点	4	能回答问题,但回答不完整,按比例扣分;不能回答,扣4分	
			正确描述按压法使用方法和要点	4	能回答问题,但回答不完整,按比例扣分;不能回答,扣4分	
	2		正确描述对比法使用方法和要点	4	能回答问题,但回答不完整,按比例扣分;不能回答,扣4分	
			正确描述油石法使用方法和要点	4	能回答问题,但回答不完整,按比例扣分;不能回答扣4分	
操作技能(80分)	1	劳保用品穿戴	劳保用品穿戴齐全	3	未按照规定穿戴好劳保用品,少一件扣1分	
	2	正确选用工具、设备	选用工具、设备齐全准确	3	缺一件,扣1分;选错一件,扣1分	
	3	清洁除油	表面清洁、除油方法和位置	4	清洁除油方法不对,扣2分;清洁除油位置不准确,扣2分	
	4	目视法检测	目视角度及荧光灯使用	8	方法错误,扣4分;荧光灯照射区域不正确,扣4分	
		触摸法检测	触摸方法	8	方法错误,扣4分;评估损伤范围错误,扣4分	
		按压法检测	拇指按压方法	8	方法错误,扣4分;评估损伤范围错误,扣4分	
		对比法检测	直尺对比使用	8	方法错误,扣4分;评估损伤范围错误,扣4分	
		油石法检测	油石运用	8	方法错误,扣4分;评估损伤范围错误,扣4分	

续上表

类别	序号	项目	考核内容及要求	配分	评分标准(各项配分扣完为止)	得分
操作技能(80分)	4	确定受损范围	综合确定受损范围	10	评估损伤范围错误,扣10分	
	5	正确使用工具、设备、材料	工具、设备使用正确	5	一种工具、设备、材料使用不正确,扣2分	
					损坏、丢失一件工具,扣5分	
	6	操作规程	操作规程执行情况	10	违反操作规程一次,扣5分,最多扣10分	
	7	清理现场(5S管理)	清理、擦洗并回收工具和设备	5	场地未清理,扣1分;工具未擦洗,每件扣1分;工具未整理,每件扣1分	
		分数总计		100	最终得分	

考核员签字:_____　　　　　　　　　日期:_____年____月____日

任务2　汽车车身结构件损伤检测(四级)

▶ 建议学时:4学时

一、知识要求

1. 熟悉检查结构件损伤的方法。
2. 了解碰撞力传递的基础知识。
3. 掌握测量设备检测方法。
4. 掌握测量设备维护方法。

二、技能要求

1. 能目测判断车身结构件损伤范围。
2. 能使用测量设备检查车身结构部位损伤。
3. 能根据测量结果记录测量数据并学会数据分析。
4. 能进行测量设备及工具的维护。

一、影响汽车碰撞变形的因素

当汽车发生碰撞时,因现场因素不同,车身变形情况会有所差别。因此,在诊断汽车碰撞变形时,应了解影响汽车碰撞变形的一些现场因素,这些因素主要包括驾驶人的预先反应、碰撞物、行驶方向和车辆类型等。

由于碰撞发生前,驾驶人都会有条件反射,故碰撞大都有规律可循。如果驾驶人的第一反应是要绕离危险区,汽车的边缘会被蹭伤,如图1-7所示;如果驾驶人的反应是猛踏制动踏板,损坏的范围就会是汽车的前部,如图1-8所示。碰撞点在汽车前端较高部位时,就会引起车壳和车顶后移而后部下沉;而碰撞点在汽车前端下方,车身惯性就会引起汽车后部向上变形,使车顶被迫上移,在车门的前上方与车顶之间形成一个极大的裂口,如图1-9所示。

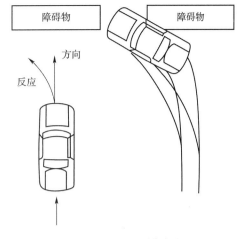

图1-7 汽车边缘被蹭伤事故图

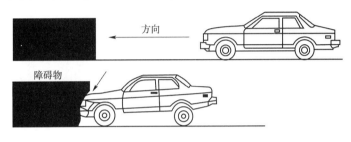

图1-8 汽车发生弯曲损坏事故图

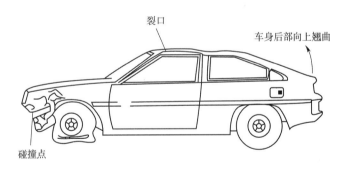

图1-9 汽车前部受撞事故图

质量相近、车速相同的汽车发生碰撞,也会因撞击对象不同而有较大的差异。汽车撞上墙壁与撞上电线杆的结果就完全不同。撞上墙壁,碰撞面积大,损坏轻,如图1-10a)所示;撞上电线杆,碰撞面积小,创伤较严重,甚至会使保险杠、发动机舱盖、散热器等部件都产生严重变形,发动机也会因碰撞而移位,甚至还会影响到后部的悬架,如图1-10b)所示。

如果甲乙两车相撞,碰撞部位不同,那么损坏结果也会不同。当汽车乙撞向行驶中的汽车甲的侧边时,汽车乙的运动会使其前端后移,而汽车甲的运动则会"牵引"汽车乙的前端使其向一侧偏斜,虽然只有一次碰撞,但损坏却发生在两个方向上;同向快速行驶的两辆汽车碰撞发生损坏时,位移可能发生在一个方向上,但若某车又冲向路边护栏,则会发生二次碰撞,从而引起两处完全不同的损坏。

a) 撞上墙壁　　　　　　　　　　　　b) 撞上电线杆

图 1-10　汽车与不同障碍物碰撞事故图

二、汽车碰撞对车身结构的影响

碰撞后的车身会因为车身结构、碰撞时的受力方向、碰撞时受力大小的不同而产生不同的变形。下面分析汽车碰撞对非承载式车身和承载式车身的影响。

1. 对非承载式车身的影响

非承载式车身结构如图 1-11 所示。非承载式车身与车架通过弹簧或橡胶垫柔性连接在一起。在这种情况下,安装在车架上的车身对车架的紧固作用不大。而车架则承受发动机及底盘各部件的重力,这些部件工作时通过其支架传递的力以及汽车行驶时由路面通过车轮和悬架传来的力,其中悬架传来的力对车架或车身影响最大。图 1-12 中车架上圈出的部位为车架刚度较小的部位,用来缓冲和吸收来自汽车前端或后端的碰撞能量。车身通过橡胶件固定在车架上,橡胶件同样能减缓从车架传至车身上的振动效应。遇有强烈振动时,橡胶垫上的螺栓可能会损坏,并导致车架与车身间出现间隙。由于振动的大小和方向不同,可能会出现车架受到损伤而车身却没有损伤的情况。

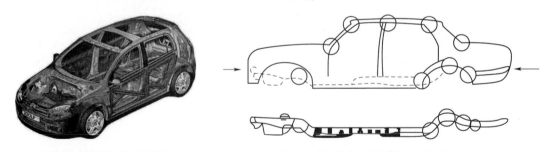

图 1-11　非承载式车身结构　　　　　图 1-12　非承载式车身和车架上刚度较小的部位

1) 车架变形种类

(1) 左右弯曲。从一侧来的碰撞冲击经常使车架左右弯曲,通常发生在汽车的前部、中部或后部。左右弯曲可以通过观察钢梁的内侧或外侧是否有皱曲现象来判断。此外,根据车身和车顶盖的左右情况都能辨别车架的左右变形,如图 1-13 所示。

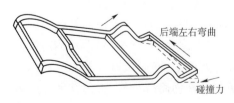

图 1-13　左右弯曲示意图

(2) 上下弯曲。车架上下弯曲后,车身外壳表面会比正常位置低,结构上有后倾现象。上下弯曲一般是由前方或后方直接碰撞引起的,判断上下弯曲变形可以查看挡板与门之间的缝隙是否存在顶部变窄、下部变宽的现象,如是,则有上下弯曲存在。车门撞击后下垂也是车架上下弯曲的表现之一。车架上下弯曲是交通事故车辆常见的损伤,如图1-14所示。

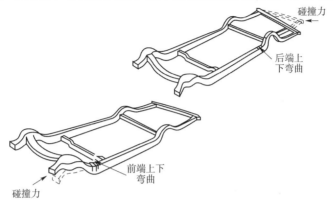

图1-14　上下弯曲示意图

（3）断裂损伤。当汽车车身部件(结构件、覆盖件)被撞击变形后的长度小于该件的原始长度时,就称其为断裂损伤,通常表现为发动机舱盖前移或车窗后移。有时,车门可能吻合得很好,看上去没有受什么影响,但在翼子板、发动机舱盖、车架纵梁、行李舱盖处会有皱褶,在车轮挡板圆顶处,车架会向上提升,如图1-15所示。

（4）菱形变形。汽车的一角受到来自前方或后方的撞击时,导致车身及车架歪斜,使其形成一个接近于平行四边形的形状,统称为菱形变形。发生"菱形变形"的轿车,发动机舱盖及行李舱盖发生错位,车顶部可能出现皱褶,其他地方还会有很多断裂及弯曲组合的损伤,如图1-16所示。

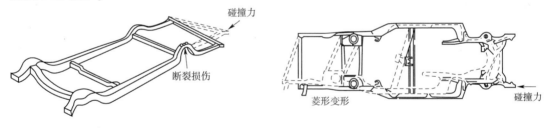

图1-15　断裂损伤示意图　　　　　　图1-16　菱形变形示意图

（5）扭曲变形。当汽车高速撞上路基、隔离墩等障碍物时就可能发生车架的扭曲变形。受此损伤后,汽车的一角高于正常状态,而相对的一角则低于正常状态。在后侧角端受碰撞时,也会产生扭曲变形,如图1-17所示。

图1-17　扭曲变形

2）非承载式车身碰撞变形评估方法

非承载式车身碰撞损伤发生的次序为左右弯曲、上下弯曲、断裂损伤、菱形变形、扭曲变形。车身、车架的调整最主要的准则是颠倒方向和次序，即在校正一辆车的碰撞损失时，对损伤部位的拉拔操作必须按与碰撞相反的方向进行，车身修复也必须按照与碰撞相反的顺序进行。

车架的变形还可以通过比较检查车身车门槛板与车架前后部之间的空间及前翼子板与前后轮毂之间的空间尺寸得出。检查前车架变形时，还要比较前保险杠的后孔到前车架钢梁总成之间左右尺寸的大小。

2. 对承载式车身的影响

承载式车身也称为整体式车身，车身壳体由薄钢板连接而成，没有刚性车架，只有加强了的车头、侧围、车尾和地板等部位，车身和底架共同组成了车身本体的刚性空间结构，如图1-18所示。在碰撞时，车身壳体能吸收大部分振动。其中，一部分碰撞能量被碰撞区域的部件通过变形吸收掉，另一部分能量会通过车身的刚性结构传递到远离碰撞的区域，这些被传递的振动波引起

图1-18　承载式车身结构

的车身损伤称为二次损伤。通常，此类损伤会影响承载式车身的内部结构或被撞击的相反一侧。

1）承载式车身的碰撞变形

汽车碰撞的受损程度取决于碰撞面的面积、碰撞时的车速、碰撞的对象以及汽车的质量。承载式车身汽车碰撞损伤大致可分为以下几种。

（1）汽车前部碰撞变形。图1-19所示是一辆汽车发生前部碰撞时的变形情况。前部碰撞的冲击力取决于汽车的质量、速度、碰撞范围及碰撞物。碰撞程度比较轻时，保险杠会被向后推，前纵梁、保险杠支撑、前翼子板、散热器支座、散热器上支撑和发动机舱盖锁紧支撑等也会折曲。图1-20所示为前纵梁的弯曲及断裂效应。

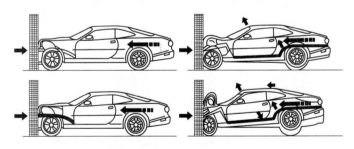

图1-19　承载式车身前部碰撞变形过程

（2）汽车中部碰撞变形。当汽车发生侧面碰撞时，车门、前部构件、车身中柱以及地板都会变形。如果中部侧面碰撞比较严重，车门、中柱、车门槛板、顶盖纵梁都会严重弯曲，甚至相反一侧的中柱和顶盖纵梁也朝碰撞相反方向变形。随着碰撞力的增大，车辆前部和后部会产生与碰撞相反方向的变形，整个车辆会变成弯曲的香蕉状，如图1-21所示。

（3）汽车后部碰撞变形。汽车后部碰撞时其受损程度取决于碰撞面的面积、碰撞时的车

速、碰撞物及汽车的质量等因素。如果碰撞力小，后保险杠、后地板、行李舱盖及行李舱地板可能会变形。如果碰撞力大，相互垂直的钢板会弯曲，后顶盖顶板会塌陷至顶板底面。而对于四门汽车，车身中柱也可能会弯曲，如图1-22所示。在汽车的后部由于有吸能区，碰撞时一般只在车身后部发生变形，保护中部乘客室的完整和安全。

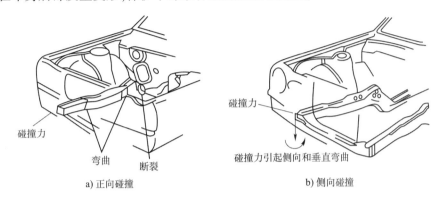

图1-20 前纵梁的弯曲及断裂效应

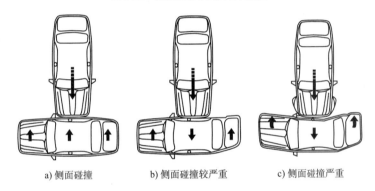

图1-21 承载式车身中部碰撞变形过程

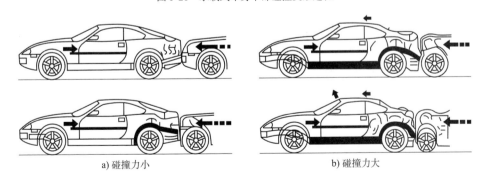

图1-22 承载式车身后部碰撞力不同时受损情况

（4）汽车顶部碰撞变形。当坠落物体砸到汽车顶部时，除车顶钢板受损外，车顶纵梁、后顶盖侧板和车窗也可能同时被损伤。在汽车发生翻滚时，车的顶部顶盖、中柱，车下部的悬架会严重损伤，悬架固定点的部件也会受到损伤。

如果车身中柱和车顶钢板弯曲，那么，相反一端的中柱同样也会损坏。由于汽车倾翻的形式不同,车身的前部及后部部件的损伤也不同。就这些情况而言,汽车损伤程度可通过车窗及车门的变形状况来确定,如图1-23所示。

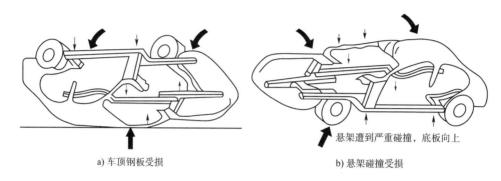

a) 车顶钢板受损　　　　　　b) 悬架碰撞受损

图1-23　汽车翻滚碰撞变形过程

2) 承载式车身的碰撞变形类型及损伤次序

承载式车身的碰撞损伤类型与非承载式车身的碰撞损伤类型基本类似,也有左右弯曲、上下弯曲、断裂损伤、扭曲变形,此处不再赘述。但承载式车身不会出现菱形变形,会有增宽变形。

增宽变形是指承载式车身发生正面碰撞时,碰撞能量传递到车身中部会使侧面结构向外弯曲远离乘客室,而不是向内侧挤压,同时,纵梁变形,车门的缝隙增宽。一般可以通过观察门隙的变化和门高的变化来判断是否发生了增宽变形。

承载式车身的损伤次序一般为:左右弯曲、上下弯曲、断裂损伤、扭曲变形、增宽变形。承载式车身的修复步骤与非承载式车身的修复步骤一样,此处不再赘述。

三、车身损伤的检查方法

1. 目视检查方法

目视检查车身损伤,通常检查的部位是钣件的连接部位、零件的棱角和边缘部位。如果存在损伤,这些部位会出现错位断裂、钣件裂缝、起皱、涂层有裂缝或剥落、有锈蚀等现象。通过观察和简单测量车门、翼子板、发动机舱盖、行李舱盖、车灯与车身之间的配合间隙是否均匀,尺寸是否符合车身维修手册的规定,开关车门是否顺畅等来检查车身的损伤情况。

2. 综合检查方法

(1) 根据有无车架,判断汽车是非承载式,还是承载车身式结构形式。

(2) 根据汽车碰撞时产生的伤痕,通过目视检查来确定碰撞点。

(3) 根据碰撞点伤痕的位置、形状和波及范围,分析碰撞力的方向及大小。

(4) 根据碰撞力的作用点、大小和方向,确定损坏是局限在车身上,还是涉及其他机械部件,如车轮、悬架、发动机等;沿碰撞力作用路径检查受损部件,直到无损坏处。

(5) 利用测量工具或设备,对车身主要部位进行测量,将实测的车辆车身尺寸与车身维修手册的标准值加以对比,找到误差,判断损伤程度。

(6) 检查悬架及整车的其他系统。

四、汽车车身结构件变形的测量

车辆在碰撞事故中,车身结构部位会发生变形,对于车身结构件变形,通常使用卷尺、量规或者机械测量系统等进行测量,确定车身结构部位变形的方向和程度。根据使用工具和测量方式的不同,测量方法有测距法、中心量规测量法、坐标法。

1. 测距法

(1)用钢卷尺测量。当用钢卷尺测量孔的中心距时,可从孔的边缘开始测量,以便于读数,如图1-24a)所示。但应注意:当两孔的直径相等且孔变形程度可忽略不计时,可以孔的边缘间距代替中心距,即 $A = B$,如图1-24b)所示;当两孔的直径不同时,中心距 $A = B + (R - r)$ 或 $A = C - (R - r)$,如图1-24c)所示。

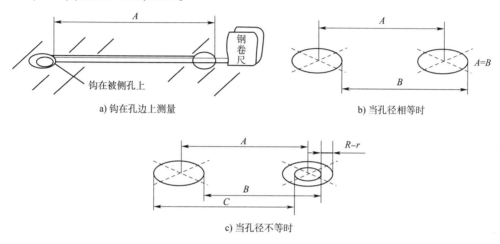

图1-24 用钢卷尺测量

(2)用测距尺测量。测距尺的测头为锥形结构,按图1-25a)所示的方法使用,可以模拟测量孔的中心线,即使两个被测量的孔径不等也不受影响。属于图1-25b)所示的情形时,也可以比照前述方法从孔的边缘开始测量。

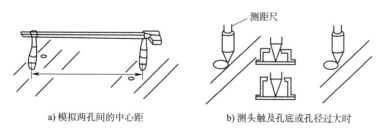

图1-25 用测距尺测量

(3)用测距法进行测量。对于一些发生变形的车架,也可以运用测距法进行测量。如图1-26所示,将车架置于平台上,并按一定的高度支稳,用高度尺逐一测量各基准点与平台的垂直距离,就可以分别得出车架垂直方向上的相关参数。

2. 中心量规测量法

碰撞破坏经常出现在控制点。在冲击力作用下,通常两个车架边梁同时出现变形。但当车辆受侧面撞击时,可能只有直接被撞击的边梁出现变形。当控制点处没有横梁时,这些点可以成为区域,例如,前围板区域或后车门区域。把中心量规放在控制点上,测量车身的尺寸,可以判断车身或车架的变形程度。

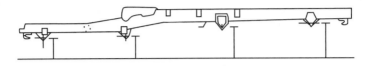

图1-26 车架垂直方向上的测量

(1)杆式中心量规。在使用杆式中心量规时,应将量规(通常为3个或4个)悬挂在基准孔上,通过检查中心销是否处于同一轴线上和量规杆是否互相平行,就可以很容易地判断出车身是否有弯曲、翘曲或扭曲变形,如图1-27所示。

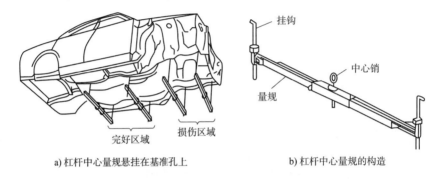

a) 杠杆中心量规悬挂在基准孔上　　　　b) 杠杆中心量规的构造

图1-27 杆式中心量规的悬挂方法

(2)链式中心量规。链式中心量规一般悬挂在车身壳体的基准孔上,通过检查中心销、垂链及平行尺是否平行,以及中心销是否对中,就可以十分容易地判断出车身壳体是否有变形,如图1-28所示。

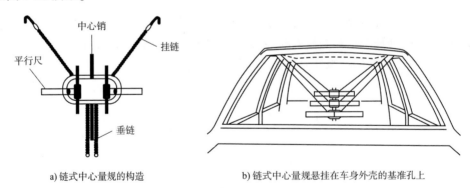

a) 链式中心量规的构造　　　　b) 链式中心量规悬挂在车身外壳的基准孔上

图1-28 链式中心量规检查车身壳体

(3)用中心量规测量车身下部尺寸。用中心量规法测量车身下部尺寸时,应先查阅车身尺寸手册,以确定中心量规的位置和高度,并根据具体情况,有针对性地进行对称性调整。当其中一个中心量规的高度确定后,应以参数表规定的数据为准,对其他中心量规吊杆的长度按高低差进行增减调整,使悬挂高度符合标准,如图1-29所示。

3. 坐标法

(1)坐标法测量原理。利用车身构件的对称性原则,用测量架采集被测点在X、Y、Z三个方向的数据。通过用平行于 XOZ 的平面 α 截取被测件平面 β，交线即为所在面的曲线。同理，也可用平行于 YOZ 平面的平面 β_1、β_2 来测得等距 X 间隔的各截面曲线。将两组测得的曲线组合，即可获得该构件曲面形坐标参数，圆滑连接，即可形成该构件表面型线的实样测绘图，如图 1-30 所示。对测量结果进行对比、分析，车身构件的外观形态也就大体勾画出来了。

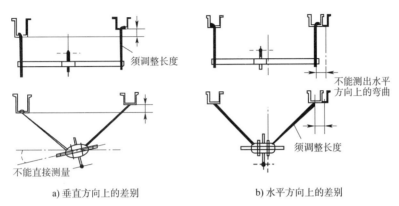

图 1-29　基准孔不对称时量规的悬挂

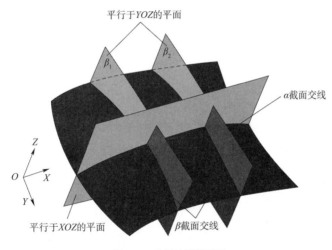

图 1-30　坐标法测量原理

（2）三维坐标测量方法。

①米桥式三维坐标测量方法。测量时可根据需要调整测量架与车身的相对位置，当测量针接触到车身表面时，就能直接从导轨、立柱、侧杆及测量针上读出所对应的测量值，如图 1-31 所示。

②专用激光测量台测量方法。测量时，光源发出的激光束，经多次透射和反射后，最终可将光点射在各塑料标尺上，指示值即为相应的车身尺寸。测量台上的尺寸测量架还可检测出车身整体方面存在的变形。这种专用激光量台可以和拉拔校正装置配套，真正实现车身修理过程中对修复尺寸的监控，如图 1-32 所示。

③三坐标测量机测量方法。如图 1-33 所示，三坐标测量机系统包括多个视觉传感器、全局校准、现场控制、测量软件等几部分。每个视觉传感器是一个测量单位，对应车身上的

一个被测点,系统组建时,所有的传感器均已统一到基准坐标系下(即系统全局校准),传感器由系统中的计算机控制。测量时,每个传感器测量相应点的三维坐标,并转换到基准坐标系中,全部传感器给出车身上的所有被测点的测量结果,完成系统测量任务。

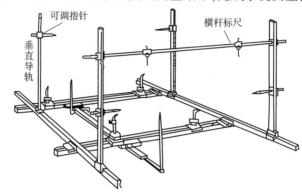

图1-31 米桥式三维坐标测量架

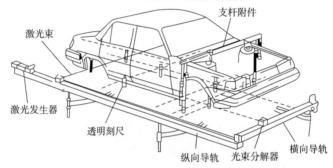

图1-32 专用激光测量台测量方法

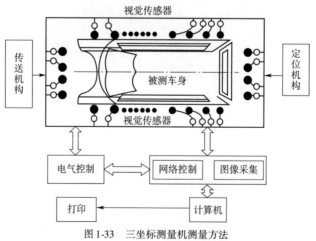

图1-33 三坐标测量机测量方法

任务实施

一、实训资源

(1)实训场地:汽车车身测量校正实训室。

(2)实训车辆:轿车 1 辆。

(3)工具耗材与设备:米桥式机械通用测量系统。

二、安全注意事项

(1)操作人员应穿着工作服和工作鞋、戴工作帽,拆装时佩戴的护目镜、棉纱手套,做好个人防护。

(2)如需移动车辆,请确认车辆周围的人员与物体。

(3)测量前需确认车辆的驻车情况。

三、操作过程

1. 准备工作

汽车车身结构件损伤测量准备工作操作方法及说明见表1-4。

汽车车身结构件损伤测量准备工作操作方法及说明　　　　表1-4

步骤	操作方法及说明	质量标准及记录
1.确认车辆安全	(1)提醒车主取走贵重物品; (2)将车辆移到干净、安全位置; (3)检查车辆驻车情况; (4)安装车身防护三件套及车轮挡块; (5)将车辆蓄电池负极断开	□车内应无贵重物品,如手机、钱包等 □车辆周围无油污、无易燃易爆危险品等 □车辆为驻车(P)挡位并拉紧驻车制动器
2.车辆清洁	(1)选用中性汽车清洁剂清洗车辆; (2)车辆清洗后需完全干燥	□车辆周围无油污、无易燃易爆危险品等 □车辆干净整洁

2. 操作步骤

使用米桥式测量系统测量车身结构件操作方法及说明见表1-5。

使用米桥式测量系统测量车身结构件操作方法及说明　　　　表1-5

步骤	操作方法及说明	质量标准及记录
1.测量系统基准的建立	(1)长梯子支撑杆分前、中、后置于校正平台上。	

续上表

步骤	操作方法及说明	质量标准及记录
1. 测量系统基准的建立	(2) 将长梯子组件放置于支撑杆上。 (3) 把两个夹具放置于与中间支撑对齐的平台上，两夹具的插销插在第一个孔。 (4) 将中心线杆放置于长梯组件上，与两夹具中心线对齐。将两个垂直标尺固定器安装在中心线杆上。取两个 150~260mm 测量范围的垂直标尺安装在垂直标尺固定器上，并在垂直标尺上安装 C 锥。 (5) 使垂直标尺高度定在 176mm 处。	测量系统基准的建立

续上表

步骤	操作方法及说明	质量标准及记录
1.测量系统基准的建立	(6)分别使两个垂直标尺固定器上的刻度线对准中心线杆尺带上500mm处,即为垂直标尺的宽度定位。 (7)把一根横梁缝在两夹具上并对准垂直尺。 (8)调整长梯子支撑杆两端的调整螺栓,使垂直标尺上的C锥刚好与横梁接触,后用扳手锁紧调整螺栓上的螺母。 (9)按以上方法调整好前后两根长梯子支撑杆	□按要求建立测量系统基准 测量基准点

续上表

步骤	操作方法及说明	质量标准及记录
2. 测量系统的使用	(1)把四个夹具放置平台上合适的位置并固定好,分别使四个夹具的插销插在第一个孔。 (2)把测量车辆按数据图的要求放置于夹具上,并锁紧夹具。分别把三根长梯子支撑杆放置在平台上对应的位置,把长梯子组件放置在支撑杆上,并调整长梯子组件的中心线与车辆中心线大致重合。 (3)滑动长梯子右侧的尺带,使其零点与前部基准点中心线杆上导块后边缘对齐。滑动长梯子左侧的尺带,使其零点与后部基准点中心线杆上导块刻度线对齐	□按要求使系统导轨中心线与车身中心线重合
3. 发动机舱的尺寸测量	(1)把短梯子放置在长梯子前部,根据车身数据图,短梯子导块刻度线对齐长梯子尺带上的1992mm处。	

续上表

步骤	操作方法及说明	质量标准及记录
3. 发动机舱的尺寸测量	（2）在短梯子两端安装三角架，通过导块把三角架滑入短梯子，直到不能滑动位置拧紧固定螺钉。 （3）根据数据图把横梁固定在三角架上800mm处，读取横梁固定块上边缘对齐的尺寸。 （4）在左右三角架按数据要求的高度固定好横梁。 （5）测量发动机舱有倒三角符号测量点的尺寸：把上标尺导块安装在横梁上，取C锥压入上标尺柱上，把上标尺柱从上部插入导块的孔中，并使C锥紧贴在测量点上。宽度数据读取导块刻度线对齐尺寸。高度数据读取导块上表面边缘对齐的数据。	

续上表

步骤	操作方法及说明	质量标准及记录
3. 发动机舱的尺寸测量	(6) 把刚性量规一端上的圆柱销插入上标尺导块的孔中,拧紧导块后面的螺钉。 (7) 取单孔垂直标尺固定器安装到刚性量规上;把垂直标尺筒柱组件旋入标尺固定器上并使测量标尺上适配块紧贴测量点;拧紧横梁导块及标尺固定器上的紧固螺钉。 (8) 宽度尺寸在横梁导块上刻度线对齐尺寸读取;高度尺寸在垂直标尺尺带上读取;长度尺寸在刚性量规垂直标尺固定器上刻度线对齐尺寸读取。 (9) 为了简化对发动机舱的测量,可把测量规一端定位在横梁的中心线上,另一端指向左右测量点,检查尺寸是否一致	□按照要求测量发动机舱尺寸
4. 完工整理	车辆、工具、设备场地整理和复位	□按5S要求整理

任务评价

汽车车身结构件损伤测量考核评分记录见表1-6。

汽车车身结构件损伤测量考核评分记录表　　　　　表1-6

类别	序号	项目	考核内容及要求	配分	评分标准(各项配分扣完为止)	得分
专业知识(20分)	1	车身测量	车身测量的基本要素	10	能回答问题,但回答不完整,按比例扣分;不能回答,扣5分	
			车身测量方法	10	能回答问题,但回答不完整,按比例扣分;不能回答,扣5分	
操作技能(80分)	1	劳保用品穿戴	劳保用品穿戴齐全	5	穿戴不全,不得分	
	2	正确选用工具、设备、材料	选用工具、设备、材料齐全、准确	5	缺一件,扣1分;选错一件,扣1分	
	3	准备	按照要求做好测量准备工作	5	准备不充分,一次扣5分	
	4	测量系统基准的建立	使用方法准确	10	方法错误,扣5分	
					基准建立错误,扣5分	
	5	测量系统的使用	使用方法准确	10	方法错误,扣10分	
					系统导轨中心线与车身中心线未重合,扣10分	
	6	发动机舱的测量	按照要求对发动机舱受损位置测量	30	测量点选择错误,每处扣2分,累计扣10分	
					测量流程错误,扣10分	
					测量数据错误,每处扣2分,累计扣10分	
	7	操作规程	操作规程执行情况	10	违反操作规程不得分,中途掉一次工具,扣1分	
	8	清理现场(5S管理)	清理、擦洗并回收工具和设备	5	少收一件工具、设备,扣1分	
		分数总计		100	最终得分	

考核员签字:_____　　　　　　　　　　　　日期:_____年___月___日

任务3　汽车车身损伤检测与诊断(三级)

▶ 建议学时:4学时

一、知识要求

1. 了解车身尺寸测量的定义与要求。

2.识别车身测量图纸长度、高度、宽度等基准面。
3.掌握电子测量系统的工作原理及各部件功能。

二、技能要求

1.能根据车身受损情况选择合适的位置作为测量基准。
2.会根据实际情况计算测量常量。
3.能正确安装测量部件。
4.能按照测量步骤对车身整体实施三维测量。
5.能根据测量数据分析车身变形情况。

任务准备

一、车身尺寸测量的定义与要求

1.车身尺寸测量的定义

车身尺寸测量就是使用专用测量工具和设备,测量车身上各参考点的位置,并将测量的结果与标准值比较,从而确定车身受损的范围、方向及程度。

2.车身尺寸测量要求

(1)正确使用测量工具和设备;
(2)运用正确的测量方法;
(3)必须对车身的整个变形区域进行分析。

二、车身尺寸测量图纸的测量基准识别

1.假想基准面——高度尺寸数据测量基准

基准面是一个假想的平滑平面,它与车身底板平行并与之有固定的距离,在修理过程中用作高度尺寸测量的主要参照基准,如图1-34所示。基准面被用来作为所有车身轮廓测量的参照面,汽车尺寸数据就是由基准面而得到的测量结果,生产厂家测得的高度尺寸都是以它为基准得来的。

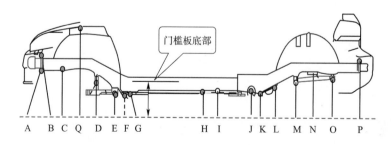

图1-34 基准面

整体式车身基准面为车身门槛版下部100mm,因为是假想的一个位置,又称之为虚拟标准线,如图1-35所示。此车身的虚拟标准线是通过确定1、2、3三个点的高度确定的。

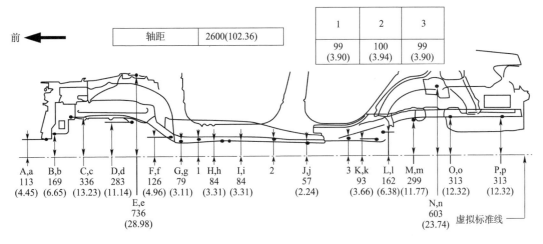

图 1-35　整体式车身虚拟标准线

虚拟标准线确定流程如下。

(1) 在维修手册中根据标识,在门槛下部寻找到 1、2、3 测量点的位置,如图 1-36 所示。

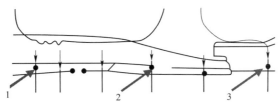

图 1-36　车门槛下部的 3 个测量点

(2) 沿着门槛板下部垂直测量 1 点(99mm)、2 点(100mm) 和 3 点(99mm) 三个点,按照车身图纸尺寸给出的数据进行测量,如图 1-37 所示。注意:每种车型的 1、2、3 位置不完全为 100mm,具体参照各车型车身尺寸手册。

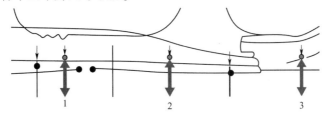

图 1-37　垂直测量 1、2、3 点

(3) 连接 1、2、3 下部的测量点,形成的直线即为虚拟标准线,如图 1-38 所示。

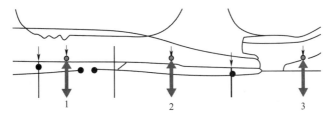

图 1-38　形成的虚拟标准线

2. 中心平面——宽度尺寸测量基准

中心面将汽车分成对等的两部分,乘客一侧和驾驶人一侧。对称的汽车所有宽度尺寸或横向尺寸都是由中心面测得的。从中心面到车身右侧特定点的测量尺寸与中心面到左侧同一点的测量尺寸是完全相同的。图 1-39 所示为中心面。

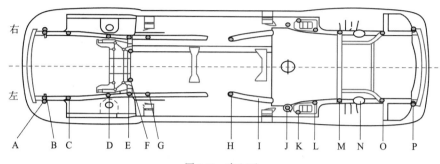

图 1-39 中心面

3. 零平面——长度尺寸测量基准

在车身尺寸俯视图中,所有测量点的长度尺寸都是由某些点作为起始点,我们把作为测量起始点的位置当作零点,由零点构成的垂直平面就是零平面。如图 1-40 中所示的点⑪,前后车身测量位置都是以此作为起点进行测量后得到的数据,此图中测量点⑪便是零点。

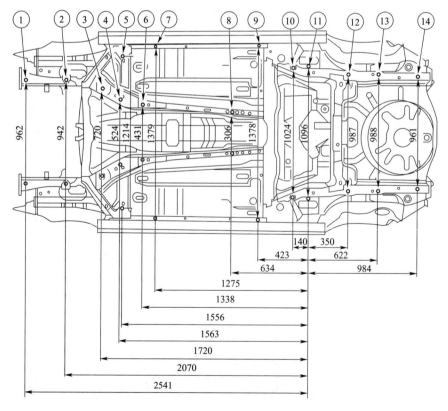

图 1-40 零平面(单位:mm)

4. 测量常量

使用机械测量系统测量时,要在测量平台上进行测量。大多数情况下,测量平台的高度并不会与虚拟标准线位置重合,所以,在测量车身高度尺寸时,基准点距离实际测量平台的距离与基准点距离虚拟标准线之间的距离之差称为测量常量,如图 1-41 所示。在实际维修中,测量车身高度的数据时,一定要把测量常量考虑进去。否则,维修中实际测量数据与标准尺寸图数据便不能准确对应。

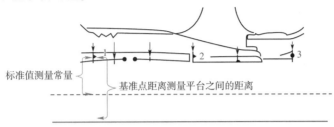

图 1-41 测量常量

通常为了确保数据的准确性,建议取 2 个或 2 个以上的基准点进行计算。

测量点的高度变形量 = 实际测量值 − 测量常量 − 标准值

三、车身尺寸的组成及特点

车身尺寸有直接尺寸和间接尺寸两种。直接尺寸是指车身部件上两个测量点之间直接的空间连线的长度,如图 1-42 所示。间接尺寸是车身部件两点之间的连线在垂直方向投影的长度,如图 1-43 所示。

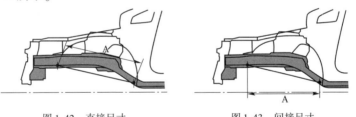

图 1-42 直接尺寸　　　　图 1-43 间接尺寸

在车身尺寸图上,通常发动机舱各测量点给出的尺寸是两个点之间的直接空间连线,属于直接尺寸,而在车身底盘位置给出的是两个点之间的投影尺寸,所以属于投影尺寸,又称为二维尺寸。

四、全自动电子测量系统认识

1. 全自动电子测量系统的突出特点

(1) 软件提供了操作指示,即使不知道如何操作计算机的技师,也可以轻松操作本系统;使维修技师把精力集中在快速维修上,而不是在测量上。

(2) 全自动电子测量系统能够在维修前、维修中、维修后随时检验车辆的碰撞,打印维修结果。

(3) 拉伸过程中,系统能够实时监控多达 12 个测量点的变化情况,自动计算出测量值、测量值与标准值的差值。

(4)拉伸过程中,软件提供给维修技师碰撞变形情况和拉伸方向,通过彩色显示屏和测量数据,实时监控拉伸情况和测量结果,监控整个拉伸过程。

2. 电子测量系统组成

(1)测量横梁上的 48 个(每侧 24 个)高频麦克风接收超声波信号,以对车身测量点进行测量。

(2)控制柜包括:计算机,显示器,键盘,打印机,附件和发射器,如图 1-44 所示。

图 1-44 电子测量系统控制柜

3. 测量用连接附件

(1)CH1——卡盘。专为夹持车身螺母设计,在使用时请注意在夹持螺母时夹持在螺母的面上。

(2)C20,C30——主要用于测量车身定位孔,自找中心,在测量较小的孔时 C30 是可以代替 C20 的。

(3)C75S——圆锥。用于测量无悬架状态下的减振器支座。

(4)E25S,E50S,E100S,E200S,E400S——加长杆。用于延伸测量点。

(5)N 系列螺母——圆螺母是为测量车上各种螺栓测量点,共配有 N8 到 N16 各种圆螺母,请注意带有"F"后缀的螺母是为连接细牙螺栓,带有"M"后缀的为连接粗牙螺栓。

(6)A25S——转角杆。用于在测量车身侧面的测量点起转向作用。

(7)HB45S,HS45S——螺母连接框。通常情况下与圆螺母一起使用,HB45S 是用于 N12 以上的螺母,HS45S 是用于 N12 以上的螺母。

(8)SHM 系列螺纹件——根据提示与 T25 配合拧到车上的螺母测量点,从 SHM6 到 SHM16 各种螺纹件,同样带有"F"后缀的为细牙螺纹,"M"为粗牙螺纹。

(9)T25——螺纹件配合件。将螺纹件插到 T25 后与车辆的螺母测量点连接。

(10)MCP 球头支撑座和 BHM 测量杆,主要用于测量车身上部,通常情况下两件是配合使用的。

(11)VWM1——转向盘,只用于大众车型中的高尔夫减振器支座上,它通常情况下与 MCP 和 BHM 配合使用。

(12)SH102 发射器,与横梁连接,发射超声波,在发射器上有两个超声波发射孔,在使用注意发射器的维护。

(13)SP15 分离器。

(14)S29S——29M 插座,用来连接大的六角螺母。

(15)A35——转角加长杆。

一、实训资源

(1)实训场地:汽车车身损伤检测实训室。

(2)实训车辆:轿车或白车身。

(3)工具耗材与设备:超声波电子测量系统及其附件。

二、安全注意事项

(1)操作人员应穿着工作服和工作鞋、戴工作帽,必要时佩戴的护目镜、耳塞和口罩,做好个人防护。

(2)使用电动设备,应严格按照其额定电压、频率提供电源。

三、操作过程

1. 准备工作

车身尺寸电子测量准备工作操作方法及说明见表1-7。

车身尺寸电子测量准备工作操作方法及说明　　　　表1-7

步骤	操作方法及说明	质量标准及记录
1.穿戴安全防护用品	安全防护用品主要包括工作服、工作鞋、安全帽、护目镜	□按照要求规范穿戴防护用品
2.车身固定	将车身固定在校正平台,并使用扭力扳手固定平台主夹具,根据需要调整校正平台的高度	□使用扭力扳手固定平台主夹具(扭力值:100N·m) □调整车身校正平台高度
3.选择测量系统语言	开机后,系统将直接进入语言选择界面,选择对应语言。中文按键盘1或点击图标将进入下一界面	□选择中文语言系统 □软件启动操作正确
4.进入欢迎界面	此界面为欢迎界面,点击F1将进入下一界面	□进入欢迎使用测量系统界面

续上表

步骤	操作方法及说明	质量标准及记录
5.了解超声波电子测量系统组成	此界面为系统界面显示超声波电子测量系统的结构组成,点击F1将进入下一界面	□了解超声波测量系统的组成

2. 操作过程

使用超声波电子测量系统测量车身数据操作方法及说明见表1-8。

使用超声波电子测量系统测量车身数据操作方法及说明　　　　　表1-8

步骤	操作方法及说明	质量标准及记录
1.填写测量车辆和客户信息	工单界面是对新客户信息进行工单填写,如是老客户,可直接从客户列表中选取	□登记用户信息 □查找并记录汽车VIN □将纸质工单信息输入系统
2.选择测量车辆品牌、车型	填写工单后,按F1键在系统选择测量车辆品牌、车型信息	□选择对应的品牌 □选择车辆具体车型
3.测量准备	根据车辆受损情况点击"Page Up"和"Page Down",按F4键选择横梁方向,准备好后按F1进入下一界面	□正确选择车辆悬架 □通过左右箭头键选择有无悬架 □要求横梁方向和车头方向一致

续上表

步骤	操作方法及说明	质量标准及记录
4. 建立测量基准点	首先要选择2个基准点,基准点要求未变形,一般选择中部区域底盘位置的测量点作为基准点	□正确选择基准点 □基准点连接附件及发射器安装正确
5. 建立测量参考点	三个点可以形成测量基准面,在选择2个基准点的前提下,还需选择一个或者两个点作为参考点形成基准面。选择的参考点不能发生变形	□正确选择参考点 □参考点连接附件及发射器安装正确
6. 选择并安装其他测量点	根据车辆变形情况,选择并确定车辆变形位置测量点,安装测量点附件及发射器	□正确选择其他测量点 □其他测量点连接附件及发射器安装正确
7. 车身尺寸测量	按F1键,对车身尺寸实时测量	□测量点是否正确 □测量连接附件是否正确安装 □基准点、参考点是否变形大于3mm □其他测量点测量数据是否准确

续上表

步骤	操作方法及说明	质量标准及记录
8.实时监控界面	在测量界面点击 F2 会进入拉伸界面。发射器会不间断地测量,实时对车身进行监控。如要对每点进行放大,点击 F1	□圆圈代表高度方向的误差 □直线代表长度和宽度方向 □起始点代表目前变形车身的位置,终止点代表正确位置
9.打印测量尺寸报告,分析测量数据	退回到测量界面后选择 F7 进入打印界面。可根据需要打印相应的结果。 根据测量数据,分析车辆变形情况	□打印测量数据表 □依据测量数据,分析车辆变形情况

任务评价

使用超声波测量系统测量车身尺寸考核评分记录见表1-9。

使用超声波测量系统测量车身尺寸考核评分记录表　　　表1-9

类别	序号	项目	考核内容及要求	配分	评分标准(各项配分扣完为止)	得分
专业知识(20分)	1	车身尺寸测量的定义与要求	车身尺寸测量的定义	5	能回答问题,但回答不完整,按比例扣分;不能回答,扣5分	
			正确描述车身尺寸测量的要求	5	能回答问题,但回答不完整,按比例扣分;不能回答,扣5分	
	2	车身尺寸测量图纸的测量基准识别	正确描述假想基准面	5	能回答问题,但回答不完整,按比例扣分;不能回答,扣5分	
			正确描述测量常量	5	能回答问题,但回答不完整,按比例扣分;不能回答,扣5分	

续上表

类别	序号	项目	考核内容及要求	配分	评分标准(各项配分扣完为止)	得分
操作技能(80分)	1	劳保用品穿戴	劳保用品穿戴齐全	5	穿戴不全,不得分	
	2	正确选用工具、设备、材料	选用工具、设备、材料齐全准确	5	缺一件,扣1分;选错一件,扣1分	
	3	测量准备	依据车型选择进入测量系统	5	车型选择错误,扣2分; 横梁箭头方向错误,扣2分; 车辆状态选择错误,扣1分	
	4	基准/参考点测量	根据车身情况选择并对基准和参考点测量	20	基准和参考点位置选择错误,每个扣2分; 基准和参考点附件安装错误,每个扣2分; 基准和参考点数据测量不准确,每个数据扣2分	
		测量点位操作	选择并对测量点进行测量	20	测量点位置选择错误,每个扣2分; 测量点附件安装错误,每个扣2分; 测量点数据测量不准确,每个数据扣2分	
		数据分析	依据测量数据对车身变形情况进行分析	10	未分析基准点变形情况,扣4分; 测量位置长度方向变形分析不正确,扣2分; 测量位置宽度方向变形分析不正确,扣2分; 测量位置高度方向变形分析不正确,扣2分	
	5	正确使用工具、设备、材料	工具、设备使用正确	5	一种工具、设备、材料使用不正确,扣2分	
					损坏、丢失一件工具,不得分	
	6	操作规程	操作规程执行情况	5	违反操作规程,不得分	
	7	清理现场(5S管理)	清理并回收工具和设备	5	少收一件工具、设备,扣1分	
		分数总计		100	最终得分	

考核员签字:_____   日期:_____年___月___日

项目二　汽车车身零部件拆装与更换

项目描述

当汽车发生事故时,汽车车身覆盖部件、结构部件、甚至整个车身结构都可能发生损伤。维修事故车通常采用由里到外、由下至上的维修顺序,维修时必不可少的是拆卸和安装车身零部件,对于不具备维修价值的零部件,采用更换新件的方式维修。

本项目通过对车身覆盖部件的拆装及位置调整,车身结构部件件更换等相关任务的知识、操作步骤的流程及标准、维修质量的评价等介绍,使读者了解并学会汽车车车身零部件拆装与更换相关的知识和技能。

任务1　汽车前后保险杠拆装与调整(五级)

▶ 建议学时:8学时

一、知识要求

1. 掌握汽车外装饰件的拆卸与安装要求及标准。
2. 掌握汽车前后保险杠拆装专用工具与通用工具的使用方法。
3. 掌握汽车前后保险杠拆卸与安装的操作步骤及注意事项。
4. 掌握汽车前后保险杠拆卸与安装零部件的质量标准。

二、技能要求

1. 能识别螺纹连接方法。
2. 能拆卸并安装车辆前保险杠、后保险杠。

一、汽车前、后保险杠总成与调整相关知识

汽车保险杠有前保险杠和后保险杠,属于安全件。保险杠作为汽车的外部防护零件的一部分,具有如下作用:

(1)在车辆发生正、斜碰撞时,起到减轻人员伤亡和车辆损坏的作用;

（2）为照明系统及前后通风系统提供了一定的安装空间与支撑；

（3）具有装饰美化车身的作用。

现代轿车保险杠大多是由外板、缓冲材料和横梁三部分组成。其中外板和缓冲材料用塑料制成，横梁用厚度为 1.5mm 左右的冷轧薄板冲压成 U 形槽；外板和缓冲材料附着在横梁上，横梁与车架纵梁用螺栓连接，可以随时拆卸下来。这种保险杠使用的塑料，大体上使用聚酯系和聚丙烯系两种材料，采用注射成型法制成。丰田卡罗拉轿车的保险杠，采用聚丙烯系材料，用注射成型法制成。

保险杠具有强度、刚性和装饰性。从安全上看，汽车发生碰撞事故时能起到缓冲作用，保护前后车体；从外观上看，可以很自然地与车体结合在一块，浑然成一体，具有很好的装饰性，成为装饰轿车外形的重要部件。

二、车辆前后保险杠位置关系

保险杠位于汽车前方和后方的大部分区域，它主要吸收和缓和外部冲击，还起到保护翼子板、散热器和灯具的作用。在拆装保险杠前，首先需要熟悉车内结构，熟知每个部件的名称和位置。如图 2-1 所示。

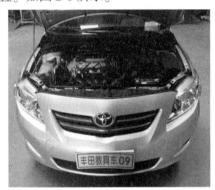 

图 2-1　车辆前、后保险杠概况

了解保险杠及相关组件的材质特性可以更好地完成保险杠拆装任务，汽车保险杠及相邻组件的材质特性见表 2-1。

汽车保险杠及相邻组件的材质特性　　　　表 2-1

序号	名称	材质和特性
1	前、后保险杠	前后保险杠的材料主要有金属材料、塑料、玻璃钢，现代汽车保险杠一般采用硬质聚氨脂塑料注塑成型
2	前照灯	车灯的材料主要是用 PMMA，透明度比玻璃还要高，拥有高抗冲击性及耐磨。具有质轻、价廉，易于成型等优点。它的成型方法有浇铸、射出成型、机械加工、热成型等
3	雾灯	在雨雾天气等能见度低的情况下，需要雾灯透过浓雾等障碍，保证正常的视线。雾灯的功率非常大，灯泡温度很高，因此，需要耐高温材料，一般选用耐刮擦 PC、PMMA 等材料
4	后尾灯	尾灯玻璃罩，标号聚碳酸酯注塑成型的

续上表

序号	名称	材质和特性
5	前翼子板 散热器支架	前保险杠的连接通常在前部车身与前照灯,前翼子板,前中网格栅相邻,以及部分品牌车辆保险杠与散热器支架及翼子板内隔板也有连接点
6	后翼子板	后保险杠与车身连接多数在两侧后翼子板连接点,同时在尾箱后尾板处也有连接孔

一、实训资源

（1）实训场地：汽车拆装实训场。
（2）实训车辆：轿车1辆。
（3）工具耗材与设备：套筒组件1套，保险杠拆装常用工具若干，置货架1组，螺栓、卡扣收纳盒1个，如图2-2所示。

图2-2　保险杠拆装常用工具

二、安全注意事项

（1）操作人员应穿着工作服和工作鞋、戴工作帽，必要时佩戴护目镜、耳塞和口罩，做好个人防护。
（2）使用电动设备，应严格按照其额定电压、频率提供电源。
（3）蓄电池充电器的使用，需按照操作规程进行。

三、操作过程

1.准备工作

保险杠拆装前的准备工作操作方法及说明见表2-2。

保险杠拆装前的准备工作操作方法及说明　　表2-2

步骤	操作方法及说明	质量标准及记录
1.清空车内物品	（1）提醒车主取走贵重物品； （2）将车内物品移到干净、安全位置； （3）将行李舱内物品移到干净、安全位置	□应无贵重物品，如手机、钱包等 □应无纸巾盒、硬币、靠枕、饰件等 □清空行李舱内物品

续上表

步骤	操作方法及说明	质量标准及记录
2. 保险杠拆卸前防护	对保险杠在车身上的连接件位置进行拆卸保护： (1) 对相邻位置（车灯）进行拆卸保护； (2) 对相邻位置（两侧前翼子板）进行拆卸保护； (3) 铺放翼子板防护罩	☐ 车辆周围无油污、无易燃易爆危险品等 ☐ 车辆为驻车（P）挡位并拉紧驻车制动器 ☐ 安装防护三件套 ☐ 铺放翼子板防护罩
3. 断开车辆蓄电池负极	将车辆蓄电池负极断开	☐ 正确关闭点火开关 ☐ 打开发动机舱盖 ☐ 选择正确的工具拆卸蓄电池负极 ☐ 负极线断开、固定

2. 操作步骤

汽车保险杠拆装作业操作方法及说明见表2-3。

汽车保险杠拆装作业操作方法及说明　　　　表2-3

步骤	操作方法及说明	质量标准及记录
1. 保险杠及其连接件拆卸	(1) 拆卸散热器支架上盖板螺栓及卡扣；	

续上表

步骤	操作方法及说明	质量标准及记录
1. 保险杠及其连接件拆卸	(2) 拆卸散热器上空气导流板胶条； (3) 拆卸导流板与保险杠连接卡扣； (4) 拆卸连接卡扣； (5) 拆卸连接螺栓；	保险杠及其连接件拆卸 □ 按要求拆卸保险杠连接件 □ 按要求拆卸固定螺栓 □ 选择合适的套筒工具

续上表

步骤	操作方法及说明	质量标准及记录
1.保险杠及其连接件拆卸	(6)拆卸轮罩内衬板与保险杠连接螺栓； (7)拆卸底部衬板与保险杠连接螺栓； (8)拆卸底部衬板与保险杠连接螺栓； (9)保险杠两侧与车身剥离；	□拆卸完的螺栓及卡扣应集中收集

续上表

步骤	操作方法及说明	质量标准及记录
1. 保险杠及其连接件拆卸	(10) 松开两侧雾灯线连接位置；	
	(11) 断开两侧雾灯线插座；	□ 按要求拆卸雾灯线插座
	(12) 前保险杠与车身完全分离；	□ 确认保险杠与车身所有位置都已断开，才能将其完全拆离车身
	(13) 将拆卸完成的保险杠置于专用支撑架	□ 拆卸完成的保险杠按要求置于支架上

续上表

步骤	操作方法及说明	质量标准及记录
2. 保险杠及连接件安装与位置调整	(1) 按拆卸顺序倒序完成前保险杠装配; (2) 检查前保险杠与车身连接位置间隙	□ 按照与拆卸相反的顺序完成保险杠的装配 □ 装配完毕需检查保险杠的安装位置与相邻部件是否达到标准间隙 □ 装配完毕后需检查保险杠部位相关工作组件功能是否正常
3. 完工检查	重新仔细检查一遍所有拆卸部位,是否有遗漏未装配到位的地方,工具附件是否整齐	□ 无遗漏,车内洁净
4. 完工整理	车辆、工具、设备场地整理和复位	□ 按5S要求整理

任务评价

汽车保险杠拆装考核评分记录见表2-4。

汽车保险杠拆装考核评分记录表　　　　　　表2-4

类别	序号	项目	考核内容及要求	配分	评分标准(各项配分扣完为止)	得分
专业知识 (20分)	1	汽车保险杠结构认知	正确描述汽车保险杠的结构组或及其材质	5	能回答问题,但回答不完整,按比例扣分;不能回答,扣5分	
			正确描述汽车保险杠的拆装步骤	5	能回答问题,但回答不完整,按比例扣分;不能回答,扣5分	
	2	拆装工具认知与使用	正确描述拆装工具套装作用	5	能回答问题,但回答不完整,按比例扣分;不能回答,扣5分	
			正确描述扭力扳手的应用位置及具体扭力值	5	能回答问题,但回答不完整,按比例扣分;不能回答,扣5分	

续上表

类别	序号	项目	考核内容及要求	配分	评分标准(各项配分扣完为止)	得分
操作技能(80分)	1	劳保用品穿戴	劳保用品穿戴齐全	5	穿戴不全,不得分	
	2	正确选用工具、设备、材料	选用工具、设备、材料齐全准确	5	缺一件,扣1分;选错一件,扣1分	
	3	准备	准备工作齐全	5	准备不充分,一次扣2.5分	
	4	拆卸	在规定的时间内按要求完成保险杠拆卸	10	未完成不得分,超时完成,扣5分;拆卸时损坏连接件,1次扣5分;拆卸时未按标准流程进行扣,5分	
		安装	在规定的时间内按要求完成保险杠安装	20	未完成不得分,超时完成,扣2分;安装时损坏连接件,1次扣2分;安装时未按标准流程进行,扣2分;保险杠各连接附件安装不牢固,一处扣5分	
		调整	按照维修手册标准调整保险杠位置	20	保险杠与周边零件相对位置平面度不达标,一处扣5分;保险杠与周边零件车身线不达标,一处扣5分;保险杠与周边零件缝隙一处不达标,扣5分	
	5	正确使用工具、设备、材料	工具、设备使用正确	5	一种工具、设备、材料使用不正确,扣2分	
					损坏、丢失一件工具,不得分	
	6	操作规程	操作规程执行情况	5	违反操作规程,不得分	
	7	清理现场(5S管理)	清理并回收工具和设备	5	少收一件工具、设备,扣1分	
		分数总计		100	最终得分	

考核员签字:_____　　　　　　　　　　　　　　日期:_____年___月___日

任务2　汽车前翼子板、前照灯拆装与调整(五级)

▶ 建议学时:8学时

考核要求

一、知识要求

1.掌握汽车外装饰件的拆卸与安装要求及标准。

2.掌握汽车前翼子板、前照灯专用工具与通用工具的使用方法。
3.掌握汽车前翼子板、前照灯拆卸与安装的操作步骤及注意事项。
4.掌握汽车前翼子板、前照灯拆卸与安装零部件的质量标准。

二、技能要求

1.能掌握前翼子板、前照灯连接方法。
2.能拆卸并安装前翼子板、前照灯。

一、概念

1.前翼子板

前翼子板是遮盖车轮的车身外板,因旧式车身该部件形状及位置似鸟翼而得名。

翼子板按照安装位置不同又分为前翼子板和后翼子板。前翼子板安装在前轮处,必须要保证前轮转动及跳动时的最大极限空间,因此,设计者会根据选定的轮胎型号尺寸用"车轮跳动图"来验证翼子板的设计尺寸。后翼子板无车轮转动碰擦的问题,但出于空气动力学的考虑,后翼子板略显拱形弧线向外凸出。

现在有些汽车的翼子板已与车身成为一个整体,但大多数汽车的翼子板是独立的,尤其是前翼子板,因为前翼子板碰撞机会比较多,独立装配容易整件更换。有些汽车的前翼子板采用具有一定弹性的塑性材料(例如塑料)做成。塑性材料具有缓冲性,安全性较高。

2.前照灯

前照灯装于汽车头部两侧,用于夜间行车的道路照明,有两灯制和四灯制之分。由于前照灯的照明效果直接影响夜间驾驶的操作和交通安全,因此,世界各国交通管理部门多以法律形式规定了其照明标准。

二、作用

翼子板的作用是在汽车行驶过程中,防止被车轮卷起的砂、泥浆溅到车厢的底部。因此,要求所使用材料具有耐老化和良好的成形加工性。材料一般使用高强度镀锌钢板,也属于低碳钢,厚度在 0.75mm 左右。前翼子板多用螺栓连接方式固定在车身上,后翼子板与车身做成一个整体。

汽车前照灯也称汽车大灯、汽车 LED 日行灯。作为汽车的"眼睛",其不仅关系到一辆车的外在形象,更与夜间行车或恶劣天气条件下的安全驾驶紧密联系。车灯的规范使用及维护是不能忽视的。

三、结构

前翼子板由外板覆盖件和内板加强件组成,内板加强板采用树脂或电阻点焊等形式将其连接成一体,前翼子板覆盖件采用螺栓连接方式固定。

汽车前照灯光源有以下几类。

（1）卤素灯。充有溴碘等卤族元素或卤化物的钨灯称为卤素灯或卤钨灯，是新一代白炽灯。

（2）氙气灯。氙气灯是指内部充满包括氙气在内的惰性气体混合体，没有卤素灯所具有的灯丝的高压气体放电灯，简称 HID 氙气灯，也可称为重金属灯或氙气灯。

（3）LED 灯。LED 灯是利用 LED 作为光源制造出的照明器具。

汽车前翼子板与前照灯如图 2-3 所示。

图 2-3　汽车前翼子板与前照灯

任务实施

一、实训资源

（1）实训场地：汽车拆装实训场。

（2）实训车辆：轿车 1 辆。

（3）工具耗材与设备：世达套筒组件 1 套，保险杠拆装常用工具若干，置货架 1 组，螺栓、卡扣收纳盒 1 个，见表 2-5。

前汽车前翼子板、前照灯拆装常用工具　　　　　表 2-5

序号	名称	图　片	功　能
1	工具套装		拆装工具组合套装配有各种规格型号的棘轮扳手、开口扳手等，可适用于汽车发动机舱盖、行李舱盖，前翼子板的螺栓拆装
2	一字螺丝刀		主要用于拆卸喷水管接头总成及转向灯

续上表

序号	名称	图片	功能
3	卡扣拆卸工具		主要用于车身上塑料卡扣的拆卸
4	扭力扳手		在螺钉和螺栓的紧密度至关重要的情况下,使用扭力扳手可以允许操作员施加特定力矩值。扭力扳手的特点:操作方便、省时省力、力矩可调
5	游标卡尺		游标卡尺是一种测量长度、内外径、深度的量具,主要用于车身外板件之间的间隙宽度测量

二、安全注意事项

(1)操作人员应穿着工作服和工作鞋、戴工作帽,拆装时佩戴护目镜、棉纱手套,做好个人防护。

(2)如需移动车辆,请确认好车辆周围的人员与物体。

(3)拆装作业前需确认好车辆的驻车情况。

三、操作过程

1. 准备工作

车辆拆装前的准备工作操作方法及说明见表2-6。

车辆拆装前的准备工作操作方法及说明　　　　表2-6

步骤	操作方法及说明	质量标准及记录
1.确认车辆安全	(1)提醒车主取走贵重物品; (2)将车辆移至干净、安全位置; (3)检查车辆驻车情况; (4)安装车身防护三件套及车轮挡块	□应无贵重物品,如手机、钱包等 □车辆为驻车(P)挡位并拉紧驻车制动器 □安装防护三件套

续上表

步骤	操作方法及说明	质量标准及记录
2. 前翼子板拆卸防护	(1)将点火开关置于OFF位置； (2)打开发动机舱盖； (3)对相邻位置(车灯)进行拆卸保护； (4)在散热器支架上方铺放翼子板布	□车辆周围无油污、无易燃易爆危险品等 □车辆为驻车(P)挡位并拉紧驻车制动器 □安装防护三件套 □铺放翼子板布
3. 断开车辆蓄电池负极	将车辆蓄电池负极断开	□正确关闭点火开关 □打开发动机舱盖 □选择正确的工具拆卸负极 □负极线断开、固定

2. 操作步骤

汽车前翼子板、前照灯拆装作业操作方法及说明见表2-7。

汽车前翼子板、前照灯拆装作业操作方法及说明　　　　　表2-7

步骤	操作方法及说明	质量标准及记录
1. 汽车前照灯拆卸	(1)拆卸散热器支架上盖板螺栓及卡扣；	□按要求拆卸前照灯连接件

项目二　汽车车身零部件拆装与更换

续上表

步骤	操作方法及说明	质量标准及记录
1.汽车前照灯拆卸	(2)拆卸前照灯紧固螺栓； 拆卸前照灯的坚固螺栓 拆卸前照灯的坚固螺栓 (3)拉出前照灯,拆卸灯线插座； 将前照灯向前拉出，露出前照灯的导线插头、脱开电插头 (4)在规定位置存放拆卸完成的前照灯,防止前照灯碰撞 取下前照灯总成，放置在规定位置	□按要求进行固定螺栓拆卸 汽车前照灯拆卸 □按要求进行连接卡扣的拆卸 □拆卸完的螺栓及附件放置稳妥
2.汽车前翼子板拆卸	(1)撬出刮水器臂端盖；	

49

续上表

步骤	操作方法及说明	质量标准及记录
2.汽车前翼子板拆卸	(2)拆卸刮水器臂总成固定螺栓； (3)拆卸刮水器臂总成； (4)取出上通风板； (5)拆卸翼子板内衬卡扣；	□按要求进行固定螺栓拆卸 □选择合适的套筒工具 □拆卸完的螺栓及卡扣应集中收集 □按要求拆卸前翼子板连接件

续上表

步骤	操作方法及说明	质量标准及记录
2.汽车前翼子板拆卸	（6）拆卸前翼子板内衬，使用卡扣拆卸专用工具将前翼子板8只内衬卡扣拆下并取出翼子板内衬； 注意：卡扣为塑料材料，撬出时用力要适度，防止损坏。 （7）拆卸转向灯； （8）拆出翼子板固定螺栓。 注意：拆卸翼子板使用 φ10mm 套筒、接杆、棘轮扳手拧松翼子板上7只固定螺栓。拆卸翼子板固定螺栓连接部位时，要先将7只螺栓全部拧松，禁止一次拧下，防止板件因应力造成变形	□按要求进行固定螺栓拆卸 □选择合适的套筒工具 □拆卸完的螺栓及卡扣应集中收集
3.前翼子板、前照灯安装与调整	（1）安装翼子板总成；	□按照与拆卸相反的顺序完成前翼子板、前照灯的装配

续上表

步骤	操作方法及说明	质量标准及记录
3. 前翼子板、前照灯安装与调整	(2)安装翼子板螺栓; (3)调整翼子板总成与发动机舱盖间隙; (4)检查翼子板总成与前车门的间隙; (5)安装侧转向灯;	□装配完毕需检查前翼子板、前照灯的安装位置与相邻部件是否达到标准间隙 □装配完毕后需检查前翼子板、前照灯部位相关工作组件功能是否正常 □将前翼子板固定螺栓安装到位后,检查翼子板总成与前车门总成之间的间隙(标准间隙为2.8~5.8mm) □安装侧转向灯 将侧转向灯连接器从转向灯孔中穿出,并将转向灯连接器和转向灯接上

项目二 汽车车身零部件拆装与更换

续上表

步骤	操作方法及说明	质量标准及记录
3. 前翼子板、前照灯安装与调整	(6)安装 A 柱上分盖总成;	□安装 A 柱上分盖总成,用双手拇指将前柱上分盖总成按入前柱
	(7)安装上通风栅板及密封条;	□安装上通风栅板 将上通风栅板扣入风窗玻璃内,使上通风栅板上的 14 只卡扣与风窗玻璃接合 将发动机舱盖至前围板的上密封条装上,并将卡扣装入
	(8)安装刮水器臂;	□安装刮水器臂
	(9)安装刮水器臂固定螺栓; ①把发动机舱盖总成放下,并将两个刮水器臂装入刮水器连杆总成。 ②用手将刮水器固定螺栓拧入刮水器联动杆中。再用 ϕ10mm 套筒、接杆、棘轮扳手将 2 只刮水器臂固定螺栓拧紧。	□总体检查 安装完毕后,调整前部车身各构件位置关系,启动车辆前照明系统,检查灯光工作情况
	(10)灯光检查	

续上表

步骤	操作方法及说明	质量标准及记录
4.完工检查	重新仔细检查一遍所有拆卸部位,是否有遗漏未装配到位的地方,工具附件是否整齐	□无遗漏,车内洁净
5.完工整理	车辆、工具、设备场地整理和复位	□按5S要求整理

任务评价

汽车前翼子板与前照灯拆卸考核评分记录见表2-8。

汽车前翼子板与前照灯拆卸考核评分记录表 表2-8

类别	序号	项目	考核内容及要求	配分	评分标准(各项配分扣完为止)	得分
专业知识(20分)	1	汽车前翼子板与前照灯结构认知	正确描述汽车保险杠的结构	5	能回答问题,但回答不完整,按比例扣分;不能回答,扣5分	
			正确描述汽车前翼子板与前照灯的拆卸步骤	5	能回答问题,但回答不完整,按比例扣分;不能回答,扣5分	
	2	拆装工具	正确描述拆装工具套装应用范围及作用	5	能回答问题,但回答不完整,按比例扣分;不能回答,扣5分	
			正确描述扭力扳手作用	5	能回答问题,但回答不完整,按比例扣分;不能回答,扣5分	
操作技能(80分)	1	劳保用品穿戴	劳保用品穿戴齐全	5	穿戴不全,不得分	
	2	正确选用工具、设备、材料	选用工具、设备、材料齐全准确	5	缺一件,扣1分;选错一件,扣1分	
	3	准备	准备工作齐全	5	准备不充分,一次扣2.5分	
	4	拆卸	在规定的时间内完成按标准工艺完成前翼子板和前照灯拆卸	10	未完成不得分,超时完成扣5分;拆卸时损坏连接件,一次扣5分;拆卸时未按标准工艺流程操作,扣5分	
		安装	在规定的时间内按标准流程完成翼子板和前照灯安装	20	未完成不得分,超时完成扣2分;安装时损坏连接件,一次扣2分;安装时未按标准流程进行,扣2分;翼子板和前照灯各连接附件安装不牢固,一处扣5分	
		调整	按照维修手册标准调整前翼子板和前照灯的位置	20	翼子板和前照灯及与周边零件相对位置平度不达标,一处扣5分;翼子板和前照灯与周边零件车身线不达标,一处扣5分;翼子板和前照灯及与周边零件缝隙,一处不达标扣5分	

续上表

类别	序号	项目	考核内容及要求	配分	评分标准(各项配分扣完为止)	得分
操作技能(80分)	5	正确使用工具、设备、材料	工具、设备使用正确	5	一种工具、设备、材料使用不正确,扣2分	
					损坏、丢失一件工具,不得分	
	6	操作规程	操作规程执行情况	5	违反操作规程,不得分	
	7	清理现场(5S管理)	清理并回收工具和设备	5	少收一件工具、设备,扣1分	
		分数总计		100	最终得分	

考核员签字:_____　　　　　　　　　　日期:_____年___月___日

任务3　汽车车门内饰板、车门玻璃拆装与调整(五级)

▶ 建议学时:8学时

一、知识要求

1. 掌握汽车车门内饰板、车门玻璃的拆卸与安装要求及标准。
2. 掌握汽车车门内饰板、车门玻璃专用工具与通用工具的使用方法。
3. 熟记汽车车门内饰板、车门玻璃拆卸与安装零部件的步骤与方法。
4. 掌握汽车车门内饰板、车门玻璃拆卸与安装的操作及注意事项。
5. 掌握汽车车门内饰板、车门玻璃拆卸与安装零部件的质量标准。

二、技能要求

1. 考生能识别车门内饰板、车门玻璃连接方式。
2. 考生能拆卸并安装车门内饰板、车门玻璃。

一、车门的组成

汽车的车门,一般由车门内板、车门外板、车门框、车门加强件、车门防撞梁、车门玻璃、车门铰链、车门限位器、车门玻璃、玻璃升降器、车门开启把手、车门锁、内饰板以及音响等电器元件组成,如图2-4所示。

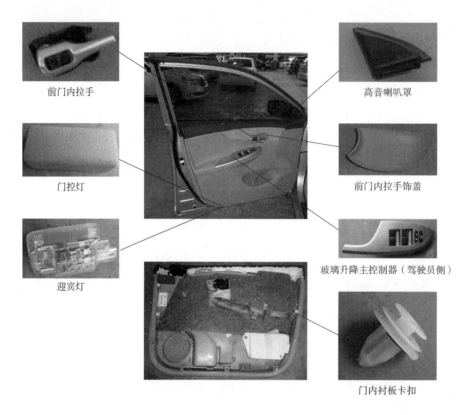

图 2-4 车门的组成

二、车门的设计要求

汽车车门是白车身总成的一部分。一方面,车门作为车身结构的重要部分之一,它的造型风格、强度、刚度、可靠性、工艺难度以及成本等都必须要满足车身整体性能的要求;另一方面,车门开关以及上下车的方便性等人机工程方面也要满足车身的要求。与此同时,乘车人对视野、安全性、密封性等方面都对车门提出要求,这些要求对车身结构的影响较大。那么,如何让车门在保证车身结构强度的同时,又获得较好的视野和更加绚丽的外观,就成为汽车设计者奋斗的目标。

三、汽车车门总成

门体包括车门内板、车门外板、车门窗框、车门加强横梁和车门加强板。车门附件包括车门铰链、车门开度限位器、门锁机构及内外手柄、车门玻璃、玻璃升降机和密封条。

四、汽车车门内饰板、车门玻璃拆装工具、设备和材料

汽车车门内饰板、车门玻璃拆装需要用到的普通工具包括套筒组件、十字螺丝刀、卡口螺丝刀、美纹纸胶带、扭力扳手等,见表 2-9。

前汽车车门内饰板、车门玻璃拆装常用工具 表2-9

序号	名称	图片	功能
1	工具套装		配有各种规格型号的棘轮扳手、开口扳手等,可用于汽车发动机舱盖、行李舱盖,前翼子板的螺栓拆装
2	一字螺丝刀		主要用于拆卸喷水管接头总成及转向灯
3	卡扣拆卸工具		主要用于车身上塑料卡扣的拆卸
4	扭力扳手		在螺钉和螺栓的紧密度至关重要的情况下,使用扭力扳手可以允许操作员施加特定扭矩值。扭力扳手的特点:操作方便、省时省力、扭矩可调
5	游标卡尺		游标卡尺是一种测量长度、内外径、深度的量具,主要用于车身外板件之间的间隙宽度测量

一、实训资源

(1)实训场地:汽车拆装实训场。

(2)实训车辆:轿车 1 辆。

(3)工具耗材与设备:世达套筒组件 1 套,保险杠拆装常用工具若干,置货架 1 组,螺栓、卡扣收纳盒 1 个。

二、安全注意事项

(1)操作人员应穿着工作服和工作鞋、戴工作帽,拆装时佩戴护目镜、棉纱手套,做好个人防护。

(2)如需移动车辆,请确认好车辆周围的人员与物体。

(3)拆装作业前需确认好车辆的驻车情况。

三、操作过程

1.准备工作

车门拆装前的准备工作操作方法及说明见表2-10。

车门拆装前的准备工作操作方法及说明　　　　　　　　　表2-10

步骤	操作方法及说明	质量标准及记录
1.确认车辆安全	(1)提醒车主取走贵重物品; (2)将车辆移到干净、安全位置; (3)检查车辆驻车情况; (4)安装车身防护三件套及车轮挡块	□应无贵重物品,如手机、钱包等 □车辆周围无油污、无易燃易爆危险品等 □车辆为驻车(P)挡位并拉紧驻车制动器 □安装防护三件套
2.车门内饰板、车门玻璃拆卸防护	(1)对车门内饰板、车门玻璃进行拆卸保护; (2)将点火开关置于OFF位置; (3)打开发动机舱盖; (4)对相邻位置(前翼子板)进行拆卸保护	□车辆周围无油污、无易燃易爆危险品等 □车辆为驻车(P)挡位并拉紧驻车制动器 □安装防护三件套 □铺放翼子板布

续上表

步骤	操作方法及说明	质量标准及记录
3.断开车辆蓄电池负极	将车辆蓄电池负极断开	□正确关闭点火开关 □打开发动机舱盖 □选择正确的工具拆卸蓄电池负极 □负极线断开、固定

2. 操作步骤

汽车车门内饰板、车门玻璃拆装作业操作方法及说明见表2-11。

汽车车门内饰板、车门玻璃拆装作业操作方法及说明　　　　表2-11

步骤	操作方法及说明	质量标准及记录
1.拆卸后视镜	（1）拆卸后视镜内衬三角板； （2）拆卸后视镜固定螺栓；	□按要求拆卸车门内饰板 □按要求进行固定螺栓拆卸

续上表

步骤	操作方法及说明	质量标准及记录
1.拆卸后视镜	(3)断开喇叭接线柱; (4)拆卸高音喇叭连接器。 注意:不要损坏前门内饰板	□按要求进行连接卡扣的拆卸 □拆卸完的螺栓及附件放置稳妥
2.拆卸前车门内板	(1)拆卸后视镜控制线插; (2)拆卸前门内拉手盖;	拆卸前车门内板 □拆卸完的螺栓及卡扣应集中收集

续上表

步骤	操作方法及说明	质量标准及记录
2.拆卸前车门内板	(3)拆卸盖板螺栓； (4)拆卸玻璃升降器控制面板； (5)拆下玻璃升降器连接器； (6)拆卸内拉手螺线； (7)撬开内饰板卡扣；	□按要求进行固定螺栓拆卸

续上表

步骤	操作方法及说明	质量标准及记录
2.拆卸前车门内板	(8)拆下内饰板; 注意:卡扣为塑料材料,撬出时用力要适度,防止损坏。 (9)拆下前门为手拉和前门锁拉线; (10)内饰板放于工具车上 	□按要求拆卸车门内饰板
3.车门玻璃拆卸	(1)拆卸前六检修孔盖; (2)撕下密封膜(保留边缘黑胶完整); (3)拆卸前门控线连接器;	

续上表

步骤	操作方法及说明	质量标准及记录
3.车门玻璃拆卸	(4)断开升降器接线柱； (5)拆卸固定支架； (6)切开丁基胶带； (7)前门玻璃固定螺丝降至拆卸孔位置，调整车门玻璃位置，拆卸玻璃固定螺丝； (8)拆卸前门玻璃压条；	

续上表

步骤	操作方法及说明	质量标准及记录
3. 车门玻璃拆卸	(9)取下前门玻璃； (10)前门玻璃存放于工具车上； (11)按倒序完成车门内饰板、车门玻璃装配	□按照与拆卸相反的顺序完成车门内饰板、车门玻璃的装配 □装配完毕后需检查车门内饰板、车门玻璃相关工作组件功能是否正常
4. 完工检查	重新仔细检查一遍所有拆卸部位，是否有遗漏未装配到位的地方，工具附件是否整齐	□无遗漏，车内洁净
5. 完工整理	车辆、工具、设备场地整理和复位	□按5S要求整理

任务评价

汽车车门内饰板、车门玻璃拆卸考核评分记录见表2-12。

汽车车门内饰板、车门玻璃拆卸考核评分记录表　　　表2-12

类别	序号	项目	考核内容及要求	配分	评分标准（各项配分扣完为止）	得分
专业知识（20分）	1	汽车车门内饰板、车门玻璃结构认知	正确描述车门内饰板、车门玻璃的结构	5	能回答问题，但回答不完整，按比例扣分；不能回答，扣5分	
			正确描述车门内饰板、车门玻璃的拆卸步骤	5	能回答问题，但回答不完整，按比例扣分；不能回答，扣5分	

续上表

类别	序号	项目	考核内容及要求	配分	评分标准(各项配分扣完为止)	得分
专业知识(20分)	2	拆装工具	正确描述拆装工具套装的应用及其作用	5	能回答问题,但回答不完整,按比例扣分;不能回答,扣5分	
			正确描述扭力扳手作用	5	能回答问题,但回答不完整,按比例扣分;不能回答,扣5分	
操作技能(80分)	1	劳保用品穿戴	劳保用品穿戴齐全	5	穿戴不全,不得分	
	2	合理选用工具、设备、材料	选用工具、设备、材料齐全准确	10	缺一件,扣1分;选错一件,扣1分	
	3	拆卸	在规定的时间内完成按标准工艺车门内饰板、车门玻璃拆卸	10	未完成不得分,超时完成,扣5分;拆卸时损坏连接件,一次扣5分;未按标准工艺流程操作,扣5分;损坏线束或者接头,一次扣5分	
		安装	在规定的时间内按标准流程完成车门内饰板、车门玻璃安装	10	未完成不得分,超时完成扣2分;安装时损坏连接件,一次扣2分;安装时未按标准流程进行,扣2分;损坏线束或接头,一次扣5分	
		拆装质量	按照维修手册标准车门内饰板、车门玻璃安装质量	20	车门内饰板、车门玻璃各连接附件安装不牢固,一处扣5分;车门玻璃升降不顺畅,扣10分;有连接件未安装,扣5分	
	4	规范使用工具、设备、材料	工具、设备使用正确	10	一种工具、设备、材料使用不正确,扣2分	
					损坏、丢失一件工具,不得分	
	5	操作规程	操作规程执行情况	5	违反操作规程不得分	
	6	清理现场(5S管理)	清理并回收工具和设备	10	少收一件工具、设备,扣1分	
		分数总计		100	最终得分	

考核员签字:_____　　　　　　　　　　　　日期:_____年___月___日

任务4　汽车发动机舱盖、行李舱盖拆装与调整(四级)

▶ 建议学时:8学时

考核要求

一、知识要求

1. 能正确识别发动机舱盖、行李舱盖的安装组成方式及零部件。

65

2. 掌握发动机舱盖、行李舱盖的拆装操作流程。
3. 掌握发动机舱盖、行李舱盖拆装与调整的操作及注意事项。

二、技能要求

1. 能规范使用发动机舱盖、行李舱盖拆装工具。
2. 能按要求对发动机舱盖、行李舱盖进行拆装与调整。

任务准备

一、汽车发动机舱盖、行李舱盖拆装与调整相关知识

汽车发动机舱盖、行李舱盖结构由多个冷冲压成型的薄板金属件组成，呈骨架形式。

1. 发动机舱盖

发动机舱盖外板上安装着风窗玻璃清洗剂喷嘴和部分装饰件。打开发动机舱盖后，内部可见的部分称为内板。在内板上一般会安装的部件包括铰链、撑杆、密封条，锁扣及隔音垫等。在外板与内板之间还会有一些加强板。内板和加强板共同对外板起到支撑作用。在连接方式上，内板与加强板采用电阻电焊的形式组合在一起，然后再整体与外板通过折边连接成发动机舱盖总成。

通常，发动机舱盖在打开时是向后翻转的。发动机舱盖向后翻转时，与周边部件不可发生干涉。发动机舱盖可以打开至某一位置并在此固定，以满足车辆维修的需要。发动机舱盖打开至最大开启角度时，其与前风窗玻璃至少保持 10mm 的最小间隙。为防止车辆在行驶过程中由于速度过快或震动过度而使发动机舱盖开启，这就要求在发动机舱盖前端安装锁止装置，如图 2-5 所示。

2. 行李舱盖

汽车行李舱盖由内板、上外板和下外板三块板制件构成，行李舱盖要求有良好的刚性，结构上基本与发动机舱盖相同，也有外板和内板，内板有加强筋。一些被称为"二厢半"的轿车，其行李舱向上延伸，包括后风窗玻璃在内，使开启面积增加，形成一个门，因此，又称为背门，这样既保持一种三厢车形状又能够方便存放物品。

如果采用背门形式，背门内板侧要嵌装橡胶密封条，围绕一圈以防水防尘。行李舱盖开启的支撑件一般用钩形铰链及四连杆铰链，铰链装有平衡弹簧，使启闭行李舱盖省力，并可自动固定在打开位置，便于提取物品，如图 2-6 所示。

图 2-5 汽车发动机舱盖

图 2-6 汽车行李舱盖

二、汽车发动机舱盖、行李舱盖拆装与调整工具

1. 工具、设备

汽车发动机舱盖、行李舱盖拆装需要用到工具套装、一字螺丝刀、卡扣拆卸工具等,见表2-13。

汽车发动机舱盖、行李舱盖拆装专用工具设备　　　　表2-13

序号	名称	图片	功能
1	工具套装		配有各种规格型号的棘轮扳手、开口扳手等,可用于汽车发动机舱盖、行李舱盖的螺栓拆装
2	一字螺丝刀		主要用于拆卸喷水器总成及液压撑杆卡簧
3	卡扣拆卸工具		主要用于车身上塑料卡扣的拆卸
4	扭力扳手		在螺钉和螺栓的紧密度至关重要的情况下,使用扭力扳手可以允许操作员施加特定力矩值。扭力扳手的特点:操作方便、省时省力、力矩可调
5	游标卡尺		游标卡尺是一种测量长度、内外径、深度的量具,主要用于车身外板件之间的间隙宽度测量

一、实训资源

(1) 实训场地:汽车整车拆装实训场。
(2) 实训车辆:轿车 1 辆。
(3) 工具耗材与设备:汽车拆装工具和设备 1 套。

二、安全注意事项

(1) 操作人员应穿着工作服和工作鞋、戴工作帽,拆装时佩戴护目镜、棉纱手套,做好个人防护。
(2) 如需移动车辆,请确认好车辆周围的人员与物体。
(3) 拆装作业前需确认好车辆的驻车情况。

三、操作过程

1. 准备工作

汽车发动机舱盖、行李舱盖拆装与调整前的准备工作操作方法及说明见表2-14。

汽车发动机舱盖、行李舱盖拆装与调整的准备工作操作方法及说明　　表2-14

步骤	操作方法及说明	质量标准及记录
1. 确认车辆安全	(1) 提醒车主取走贵重物品; (2) 将车辆移到干净、安全位置; (3) 检查车辆驻车情况; (4) 安装车身防护三件套及车轮挡块	□应无贵重物品,如手机、钱包等 □车辆为驻车(P)挡位并拉紧驻车制动器 □安装防护三件套
2. 断开车辆蓄电池负极	(1) 将点火开关置于OFF位置; (2) 打开发动机舱盖; (3) 使用扳手拆卸蓄电池负极; (4) 对分离后的负极进行固定	□正确关闭点火开关 □打开发动机舱盖 □选择正确的工具拆卸负极 □完成固定

2. 操作步骤

(1) 汽车发动机舱盖拆装与调整操作方法及说明见表2-15。

汽车发动机舱盖拆装与调整操作方法及说明　　表2-15

步骤	操作方法及说明	质量标准及记录
1. 拆卸发动机舱盖	(1) 用卡扣拆卸工具拆下发动机舱盖隔垫卡扣;	□完成卡扣拆卸,无卡扣损坏 拆卸发动机舱盖

续上表

步骤	操作方法及说明	质量标准及记录
1. 拆卸发动机舱盖	(2)拆卸清洗器喷嘴总成； (3)断开清洗器软管总成； (4)拆卸散热器空气导流板； (5)断开1号水软管卡夹支架； (6)拆卸发动机舱盖铰链螺栓； (7)取下发动机舱盖并放置稳妥。 提示：在拆卸时螺丝刀应在头部位置缠上胶带，以免划伤其他部件	□按要求进行清洗器拆卸 □按要求进行清洗器软管拆卸 □按要求进行散热器空气导流管拆卸 □按要求进行断开1号水软管卡夹支架拆卸 □按要求拆卸发动机舱盖铰链螺栓 □按要求取下发动机舱盖并放置稳妥
2. 安装发动机舱盖	(1)安装发动机舱盖铰链螺栓，进行首次预紧，无须拧紧力矩，方便进行间隙调整； (2)转动橡胶垫来调整发动机舱盖前端高度，以使发动机舱盖和前翼子板的高度平齐； (3)检查发动机舱盖与翼子板之间的间隙以及高度，发动机舱盖与翼子板左右两侧的间隙应一致； (4)调整发动机舱盖锁，检查锁机与发动机舱盖锁钩能顺利接合，并使用扭力扳手对发动机舱盖铰链螺栓拧紧；	□进行铰链螺栓首次预紧 □完成调整发动机舱盖前端高度 □检查发动机舱盖与翼子板之间的间隙 □调整发动机舱盖锁，并拧紧铰链螺栓

续上表

步骤	操作方法及说明	质量标准及记录
2.安装发动机舱盖	(5)连接清洗器软管总成； (6)安装清洗器喷嘴总成； (7)安装发动机舱盖隔垫机散热器空气导流板； (8)接上蓄电池负极，打开点火开关至ON档，打开喷水器开关，检查喷水器工作情况； (9)完工后检查。 注意：拆卸与安装发动机舱盖应由两人共同完成，以免损伤附件	□完成安装连接清洗器软管总成 □完成安装清洗器喷嘴总成 □完成安装发动机舱盖隔垫机散热器空气导流板 □喷水器工作情况（正常/不正常） □按5S要求整理

(2)行李舱盖拆装与调整操作方法及说明见表2-16。

行李舱盖拆装与调整操作方法及说明　　　　　　表2-16

步骤	操作方法及说明	质量标准及记录
1.拆卸行李舱盖	(1)用卡扣拆卸工具拆下行李舱门装饰罩； (2)拆卸行李舱门锁总成并断开连接器； (3)拆卸左右后组合灯总成及其连接器； (4)拆卸牌照灯总成； (5)拆卸行李舱门铰链螺栓； (6)取下行李舱盖并放置稳妥。 提示：在拆卸时螺丝刀应在头部位置缠上胶带，以免划伤其他部件	□按要求进行李舱门装饰罩拆卸 拆卸行李舱盖 □按要求进行李舱门锁总成拆卸 □按要求进行左右后组合灯总成拆卸 □按要求进行牌照灯总成拆卸 □按要求拆卸行李舱门铰链螺栓 □按要求取下行李舱盖并放置稳妥

续上表

步骤	操作方法及说明	质量标准及记录
2.安装行李舱盖	(1)安装行李舱盖铰链螺栓,进行首次预紧,无须拧紧力矩,方便进行间隙调整; (2)安装行李舱锁机总成及连接器; (3)用卡扣专业工具拆卸后地板装饰板; (4)调整行李舱盖与后翼子板之间水平、垂直方向的间隙及高度; (5)调整行李舱盖锁,检查锁机与发动机舱盖锁钩能顺利接合; (6)使用扭力扳手对行李舱盖铰链螺栓进行紧固; (7)安装牌照灯总成; (8)安装左右后组合灯总成及行李舱盖门装饰罩; (9)接上蓄电池负极,打开点火开关至ON挡,检查牌照灯及左右后组合灯工作情况; (10)完工后检查。 注意:拆卸与安装行李舱盖应由两人共同完成,以免损伤附件	□进行铰链螺栓首次预紧 □完成安装行李舱锁机总成及连接器 □完成拆卸后地板装饰板 □调整行李舱盖与后翼子板的间隙及高度 □完成对行李舱盖铰链螺栓紧固 □完成安装牌照灯总成 □检查牌照灯及左右后灯(正常/不正常) □按5S要求整理

任务评价

汽车发动机舱盖、行李舱盖拆装与调整考核评分记录见表2-17。

汽车发动机舱盖、行李舱盖拆装与调整考核评分记录表　　表 2-17

类别	序号	项目	考核内容及要求	配分	评分标准(各项配分扣完为止)	得分
专业知识 (20分)	1	汽车发动机舱盖、行李舱盖结构认知	正确描述发动机舱盖的结构	5	能回答问题,但回答不完整,按比例扣分;不能回答,扣5分	
			正确描述行李舱盖的结构	5	能回答问题,但回答不完整,按比例扣分;不能回答,扣5分	
	2	拆装工具	正确描述游标卡尺作用	5	能回答问题,但回答不完整,按比例扣分;不能回答,扣5分	
			正确描述扭力扳手作用	5	能回答问题,但回答不完整,按比例扣分;不能回答,扣5分	
操作技能 (80分)	1	劳保用品穿戴	劳保用品穿戴齐全	5	穿戴不全,不得分	
	2	正确选用工具、设备、材料	选用工具、设备、材料齐全准确	5	缺一件,扣1分;选错一件,扣1分	
	3	准备	准备工作齐全	5	准备不充分,一次扣2.5分	
	4	拆卸	在规定的时间内按标准工艺完成发动机舱盖、行李舱盖拆卸	15	未完成不得分,超时完成,扣5分;拆卸时损坏连接件,一次扣5分;未按标准工艺流程操作,扣5分	
		安装	在规定的时间内按标准流程完成汽车发动机舱盖、行李舱盖安装	15	未完成不得分,超时完成,扣2分;安装时损坏连接件,一次扣2分;安装时未按标准流程进行,扣2分;汽车发动机舱盖、行李舱盖各连接附件安装不牢固,一处扣5分	
		调整	按照维修手册标准调整汽车发动机舱盖、行李舱盖的位置	20	汽车发动机舱盖、行李舱盖与周边零件相对位置平面度不达标,一处扣5分; 汽车发动机舱盖、行李舱盖与周边零件车身线不达标,一处扣5分; 汽车发动机舱盖、行李舱盖与周边零件缝隙不达标,一处扣5分	
	5	正确使用工具、设备、材料	工具、设备使用正确	5	工具设备材料使用不正确,扣2分	
					损坏、丢失一件工具,不得分	
	6	操作规程	操作规程执行情况	5	违反操作规程,不得分	
	7	清理现场(5S管理)	清理并回收工具和设备	5	少收一件工具、设备,扣1分	
		分数总计		100	最终得分	

考核员签字:_____　　　　　　　　　　　　日期:_____年____月____日

任务5　汽车座椅、天窗拆装与调整(四级)

▶ 建议学时:8学时

考核要求

一、知识要求

1. 能正确识别座椅、天窗的组成方式及零部件。
2. 掌握座椅、天窗的拆装操作流程。
3. 掌握座椅、天窗拆装与调整的操作及注意事项。

二、技能要求

1. 能规范使用汽车座椅、天窗拆装工具。
2. 能按要求完成汽车座椅、天窗的拆装与位置调整。

任务准备

一、汽车座椅、天窗的结构与材料

1.汽车座椅

根据汽车座椅的设计过程,座椅主要由骨架、泡沫、面罩和塑料件组成。无论是头枕、靠背还是座椅垫,都可以分解成面罩、泡沫、骨架和塑料件,如图2-7所示。

(1)座椅套。

座椅套常用的材料有皮革、人造革和织物。皮革比人造皮革有更好的手感和透气性,但成本也较高,常见于中高端车型,或仅用在座椅靠背、座椅垫等与人体接触较多的核心部位。

(2)座椅发泡。

座椅发泡主要是将甲苯二异氰酸酯(TDI)与反应活性较低的多元醇通过一系列化学反应混合而成。发泡功能是提供面罩支撑,保证座椅的形状和轮廓。

图2-7　汽车座椅

(3)座架。

座椅框架在乘客安全保护和与车厢地板的连接方面起着重要的作用。汽车座椅框架结构主要包括管架结构、钢丝结构、管板结构和纯板结构。主要工艺包括冲压、冲孔、翻边、凸焊、点焊、二次焊接和装配。管架结构和钢丝结构的骨架主要用于低端车辆(如轻卡、厢式货车),具有成本低、工艺简单、安全性强的优点。管板结构框架适用于中低端车辆。该结构适用于普通MPV、轿车和SUV,能够满足安全要求。纯板式结构用于功能要求高的高端车型,安全性也是最高的。

2.汽车天窗

汽车普通天窗的基本结构通常由框架总成、玻璃总成、遮阳板总成、挡风板总成、排水槽总成、机械组等子系统组成。天窗主体框架结构大多为 H 形金属框，前框为塑料形式，与金属框架通过卡接和螺栓连接的方式连接。其他零件如玻璃、挡风板、遮阳板等安装在框架总成上。普通天窗的典型结构如图 2-8 所示。

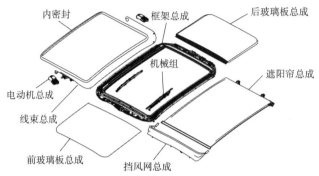

图 2-8 普通天窗的典型结构

二、汽车座椅、天窗、水箱框架总成与调整工具

1.工具、设备

汽车座椅、天窗拆装与调整需要用到工具套装、一字螺丝刀、卡扣拆卸工具等，见表 2-18。

专用的工具设备　　　　　　　　　　　　　　　　　表 2-18

序号	名称	图片	功能
1	工具套装		拆装工具组合套装，配有各种规格型号的棘轮扳手、开口扳手等，可适用于汽车发动机舱盖、行李舱盖的螺栓拆装
2	一字螺丝刀		主要用于拆卸喷水器总成及液压撑杆卡簧

续上表

序号	名称	图片	功能
3	卡扣拆卸工具		主要用于车身上塑料卡扣的拆卸
4	扭力扳手		作用是当螺钉和螺栓的紧密度至关重要的情况下,使用扭力扳手可以允许操作员施加特定力矩值。扭力扳手的特点:操作方便、省时省力、力矩可调
5	游标卡尺		游标卡尺是一种测量长度、内外径、深度的量具,主要用于车身外板件之间的间隙宽度测量

任务实施

一、实训资源

(1)实训场地:汽车整车拆装实训场。
(2)实训车辆:轿车 1 辆。
(3)工具耗材与设备:汽车拆装工具和设备 1 套。

二、安全注意事项

(1)操作人员应穿着工作服和工作鞋、戴工作帽,拆装时佩戴护目镜、棉纱手套,做好个人防护。
(2)如需移动车辆,请确认好车辆周围的人员与物体。
(3)拆装作业前需确认好车辆的驻车情况。

三、操作过程

1. 准备工作

汽车座椅、天窗拆装与调整前的准备工作操作方法及说明见表2-19。

汽车座椅、天窗拆装与调整前的准备工作操作方法及说明　　　表2-19

步骤	操作方法及说明	质量标准及记录
1.确认车辆安全	(1)提醒车主取走贵重物品； (2)将车辆移到干净、安全位置； (3)检查车辆驻车情况； (4)安装车身防护三件套及车轮挡块	□应无贵重物品,如手机、钱包等 □车辆周围无油污、无易燃易爆危险品等
2.断开车辆蓄电池负极	(1)将点火开关置于OFF位置； (2)打开发动机舱盖； (3)使用扳手拆卸蓄电池负极； (4)对分离后的负极进行固定	□车辆为驻车(P)挡位并拉紧驻车制动器 □安装防护三件套 □正确关闭点火开关 □打开发动机舱盖 □选择正确的工具拆卸负极 □完成固定

2. 操作步骤

(1)汽车座椅拆装与调整。

汽车座椅拆装与调整操作方法及说明见表2-20。

汽车座椅拆装与调整操作方法及说明　　　表2-20

步骤	操作方法及说明	质量标准及记录
1.拆卸汽车座椅	(1)拆卸前排座椅头枕总成；	□完成拆卸前排座椅头枕总成 拆卸汽车座椅
	(2)移动前排座椅,拆卸内外滑轨盖板； (3)移动前排座椅,拆卸前后4颗固定螺栓； (4)移动座椅至中间位置,调节座椅靠背倾角,将座椅靠背移动到直立位置；	□按要求进行内外滑轨盖板拆卸 □按要求进行4颗固定螺栓拆卸 □按要求进行调节座椅靠背倾角

续上表

步骤	操作方法及说明	质量标准及记录
1. 拆卸汽车座椅	(5)断开座椅下方连接器； (6)取下座椅，小心不要损坏车身，并放置稳妥。 提示：在拆卸时务必穿戴好手套，以免座椅骨架上的锋利部位可能会伤到手	□按要求进行断开座椅下方连接器 □按要求取下座椅并放置稳妥
2. 安装汽车座椅	(1)将座椅移动到车内，小心不要损坏车身； (2)连接座椅下方连接器； (3)安装前后4颗固定螺栓，并使用扭力扳手进行紧固； (4)安装内外滑轨盖板； (5)安装前排座椅头枕总成； (6)接上蓄电池负极，打开点火开关至ON档，检查SRS警示灯； (7)完工后检查。 提示：在安装时务必穿戴好手套，以免座椅骨架上的锋利部位可能会伤到手	□将座椅移动到车内 □完成座椅下方连接器 □完成安装前后4颗固定螺栓，并使用扭力扳手进行紧固 □完成内外滑轨盖板安装 □完成前排座椅头枕总成安装 □检查SRS警示灯工作情况（正常/不正常） □按5S要求整理

（2）汽车天窗的拆装与调整。

汽车天窗的拆装与调整操作方法及说明见表2-21。

汽车天窗的拆装与调整操作方法及说明　　　　　　表2-21

步骤	操作方法及说明	质量标准及记录
1.拆卸天窗	(1) 拆卸车顶内衬总成； (2) 拆卸左右侧安全气囊总成； (3) 拆卸滑动天窗左右侧饰板； (4) 拆卸滑动天窗4颗螺钉，取下天窗玻璃； (5) 拆下螺母，分离卡爪，断开排放软管，拆卸滑动天窗架分总成； (6) 取下滑动天窗架并放置稳妥。 提示：在拆卸时螺丝刀应在头部位置缠上胶带，以免划伤其他部件	□按要求拆卸车顶内衬总成 □按要求拆卸左右侧安全气囊总成 □按要求拆卸滑动天窗左右侧饰板 □按要求取下天窗玻璃 □按要求拆卸行滑动天窗架分总成 拆卸天窗 □按要求取下滑动天窗架并放置稳妥
2.安装天窗	(1) 安装滑动天窗架分总成； (2) 安装螺栓及螺母，并使用扭力扳手进行紧固； (3) 接合卡爪，并连接4个滑动天窗排放软管，软管根部标记朝下； (4) 安装滑动天窗玻璃分总成，使用4颗螺钉进行预紧固	□按要求安装滑动天窗架分总成 □完成安装螺栓及螺母 □完成接合卡爪，并连接4个滑动天窗排放软管 □完成对4颗螺钉进行紧固

续上表

步骤	操作方法及说明	质量标准及记录
3. 天窗安装完工后质量检查与确认	（1）检查滑动天窗关闭时天窗板和密封条上表面之间的水平差以及天窗板与天窗玻璃之间的间隙； （2）调节滑动玻璃后，使用扭力扳手对4颗螺钉进行紧固； （3）关闭天窗玻璃，进行漏水测试； （4）安装滑动天窗左右侧饰板； （5）安装左右侧安全气囊总成； （6）安装车顶内衬总成； （7）接上蓄电池负极，打开点火开关至ON档，检查滑动天窗工作情况； （8）完工后检察。 提示：确保滑动天窗排放软管安装牢固，软管根部位置标记朝下，以避免出现漏水现象	□按要求检察间隙 □完成对4颗螺钉进行紧固 □按要求进行漏水测试 □安装滑动天窗左右侧饰板 □安装左右侧安全气囊总成 □安装车顶内衬总成 □检查滑动天窗工作情况（正常/不正常） □按5S要求整理

任务评价

汽车座椅、天窗拆装与调整考核评分记录见表2-22。

汽车座椅、天窗拆装与调整考核评分记录表　　　　表2-22

类别	序号	项目	考核内容及要求	配分	评分标准（各项配分扣完为止）	得分
专业知识 (20分)	1	汽车座椅、天窗结构认知	正确描述汽车座椅的结构	5	能回答问题，但回答不完整，按比例扣分；不能回答，扣5分	
			正确描述汽车天窗的结构	5	能回答问题，但回答不完整，按比例扣分；不能回答，扣5分	
	2	拆装工具	正确描述拆装工具套装作用	5	能回答问题，但回答不完整，按比例扣分；不能回答，扣5分	
			正确描述扭力扳手作用	5	能回答问题，但回答不完整，按比例扣分；不能回答，扣5分	
操作技能 (80分)	1	劳保用品穿戴	劳保用品穿戴齐全	5	穿戴不全，不得分	
	2	正确选用工具、设备、材料	选用工具、设备、材料齐全准确	5	缺一件，扣1分；选错一件，扣1分	
	3	准备	准备工作齐全	5	准备不充分，一次扣2.5分	
	4	拆卸	在规定的时间内按标准工艺完成汽车座椅、天窗拆卸	15	未完成不得分，超时完成扣5分；拆卸时损坏连接件，1次扣5分；未按标准工艺流程操作，扣5分	

续上表

类别	序号	项目	考核内容及要求	配分	评分标准(各项配分扣完为止)	得分
操作技能(80分)	4	安装	在规定的时间内按标准流程完成汽车座椅、天窗安装	15	未完成不得分,超时完成扣2分; 安装时损坏连接件,一次扣2分; 安装时未按标准流程进行,扣2分; 汽车汽车座椅、天窗各连接附件安装不牢固,一处扣5分	
		安装质量	按照维修手册标准检查汽车汽车座椅、天窗安装质量	20	汽车座椅安装位置后滑轨不顺,扣5分; 汽车天窗安装后开关不顺,扣5分; 天窗板和密封条上表面之间的水平差以及天窗板与天窗玻璃之间的间隙不达标,一处扣5分	
	5	规范使用工具、设备、材料	工具、设备使用正确	5	工具设备材料使用不正确,扣2分	
					损坏、丢失一件工具,不得分	
	6	操作规程	操作规程执行情况	5	违反操作规程,不得分	
	7	清理现场(5S管理)	清理并回收工具和设备	5	少收一件工具、设备,扣1分	
		分数总计		100	最终得分	

考核员签字:_____　　　　　　　　　　日期:_____年___月___日

任务6　汽车前(后)风窗玻璃拆装(四级)

▶ 建议学时:8学时

考核要求

一、知识要求

1.了解汽车玻璃的安装方式。
2.熟记汽车前(后)风窗玻璃的拆装操作流程。
3.掌握汽车前(后)风窗玻璃的拆装的操作及注意事项。

二、技能要求

1.能规范使用玻璃拆装工具。
2.能按要求对汽车前(后)风窗玻璃进行拆装。

项目二 汽车车身零部件拆装与更换

> **任务准备**

一、汽车前(后)风窗玻璃相关知识

前风窗玻璃是汽车在行驶过程中主要的安全因素。从空气动力学的角度出发,当车速超过100km/h时,迎面而来的气流在流经曲面玻璃时可减少涡流和紊流,从而相应地减少空气阻力。同时,车窗框边与车身表面形成平滑过渡,促使前风窗玻璃与车身轮廓浑然一体,也有效地降低整车的风阻系数。现代汽车的曲面风窗玻璃要求弯曲拐角处的平整度高,不能出现光学畸变,即从座舱内的任一角度观察,外界物体均不发生变形。目前,汽车的前风窗玻璃多以夹层钢化玻璃或夹层区域钢化玻璃为主,其他车窗一般采用钢化玻璃,如图2-9所示。

图2-9 汽车前风窗玻璃

二、汽车前(后)风窗玻璃拆装工具

1. 工具、设备

汽车前(后)风窗玻璃拆装需要用到拆卸套装组件、玻璃吸盘、钢丝及引线器工具等,见表2-23。

汽车前(后)风窗玻璃拆装专用的工具设备　　表2-23

序号	名称	图片	功能
1	拆卸工具套装		配有各种规格型号的棘轮扳手、开口扳手等,可适用于拆除玻璃刮水器等
2	玻璃吸盘		移动风窗玻璃时的固定工具

续上表

序号	名称	图片	功能
3	钢丝及引线器		拆卸时使玻璃四周与窗框间固化的黏结剂分离
4	气动胶枪		用于玻璃黏合剂的施涂

2. 汽车前(后)风窗玻璃拆装材料

汽车前(后)风窗玻璃拆装多为消耗类的用品。常见的有玻璃黏合剂、玻璃底涂剂,见表2-24。

汽车前(后)风窗玻璃拆装材料　　　　　　表2-24

序号	清洁材料	性能特点	使用范围	使用方法
1	玻璃黏合剂	聚氨酯密封胶聚氨酯密封胶为高强度、高模量、粘接类聚氨酯多用途密封胶,单组份、室温湿气固化,高固含量,耐候性好	固定机动车辆前风窗玻璃和后风窗玻璃,更换风窗玻璃的时候使用	需配合气(手)动胶枪使用
2	玻璃底涂剂	提高粘接强度与提高紫外线防护性能	用于玻璃等底材的粘接,增加基材的黏接力	使用棉球均匀擦拭在待黏结部位

任务实施

一、实训资源

(1)实训场地:汽车整车拆装实训场。
(2)实训车辆:轿车 1 辆。
(3)工具耗材与设备:汽车风窗玻璃拆装工具 1 套。

二、安全注意事项

(1)操作人员应穿着工作服和工作鞋、戴工作帽,拆装时佩戴护目镜、棉纱手套,做好个人防护。
(2)如需移动车辆,请确认好车辆周围的人员与物体。
(3)拆装作业前需确认好车辆的驻车情况。

三、操作过程

1. 准备工作

汽车前(后)风窗玻璃拆装前的准备工作操作方法及说明见表2-25。

汽车前(后)风窗玻璃拆装前的准备工作操作方法及说明　　　表2-25

步骤	操作方法及说明	质量标准及记录
1.确认车辆安全	(1)提醒车主取走贵重物品; (2)将车辆移到干净、安全位置; (3)检查车辆驻车情况; (4)安装车身防护三件套及车轮挡块	□应无贵重物品,如手机、钱包等 □车辆周围无油污、无易燃易爆危险品等 □车辆为驻车(P)挡位并拉紧驻车制动器 □安装防护三件套
2.断开车辆蓄电池负极	(1)将点火开关置于 OFF 位置; (2)打开发动机舱盖; (3)使用扳手拆卸蓄电池负极; (4)对分离后的负极进行固定	□正确关闭点火开关 □打开发动机舱盖 □选择正确的工具拆卸蓄电池负极 □完成固定

2. 操作步骤

汽车前(后)风窗玻璃拆装工作操作方法及说明见表2-26。

汽车前(后)风窗玻璃拆装操作方法及说明　　　　　表2-26

步骤	操作方法及说明	质量标准及记录
1.拆卸汽车风窗玻璃	(1)拆卸前刮水器臂和刮水片； (2)拆卸风窗玻璃下方的排水槽盖板； (3)拆卸左右两侧风窗立柱内饰板； (4)拆卸车内后视镜及固定支架等附件； (5)拆卸风窗玻璃外防护条，在拆卸风窗玻璃外防护条时，局部割断防护条，然后用手拉，将其拆下； (6)使用钢丝及引线器拆卸前风窗玻璃，拆卸的实质是使玻璃四周与窗框间固化的黏结剂分离； (7)使用玻璃吸盘将风窗玻璃取下，并放置妥当； (8)使用吸尘器清理原粘接区域的杂质，并使用美工刀切除窗框上的残留胶层，留1～2mm新鲜胶层，以便与更换玻璃后新涂的胶接合； (9)使用清洁剂清洁车窗表面。 提示：在风窗玻璃四周应使用保护胶带，以防止刮伤。在利用钢丝切割过程中，车内维修人员可手持塑料护板，随切割移动同步对风窗玻璃内侧作辅助防护	□完成拆卸前刮水器臂和刮水片 □按要求进行拆卸排水槽盖板 □按要求拆卸立柱内饰板 □按要求拆卸车内附件 □按要求拆卸风窗玻璃外防护条 □按要求分离固化的黏结剂 □按要求取下风窗玻璃 □按要求清理原粘接区域的杂质 拆卸汽车风窗玻璃 □按要求清洁剂清洁车窗表面
2.安装汽车风窗玻璃	(1)仔细检查窗框四周，是否存在切割过程中造成的涂层损伤，致使金属表面裸露，若存在，需施涂玻璃底涂剂防止锈蚀；	□对裸露区域施涂玻璃底涂剂

续上表

步骤	操作方法及说明	质量标准及记录
2. 安装汽车风窗玻璃	（2）选用带刻度的胶嘴直接在窗框上部量取切割高度，标准为高出上部窗框2mm，用胶嘴钳按标示刻度直接切割成型； （3）将新玻璃预安装至窗框上，并粘贴定位胶带做好定位，画出定位标记； （4）在四周粘接区域施涂底涂剂，宽度约20mm； （5）使用手动或气动胶枪以三角形截面背向施胶。需要注意的是在施胶过程中尽量控制用力均匀，这样施涂的胶条宽度、高度才能保证一致； （6）将新玻璃安装至原车窗框上，按照之前作的定位标记固定。注意此步骤需在施胶后15min内完成； （7）最后使用测漏仪检测密封性能，沿窗框检查一周； （8）按照拆卸的相反顺序依次安装外装饰件及附件，并检查所有附件的功能状态；	□按要求完成切割胶嘴 □按要求完成玻璃预安装并做好标记 □按要求完成施涂底涂剂 □按要求完成玻璃黏合剂的施涂 □按要求将新玻璃安装至原车窗框上 □按要求检测是否有漏水现象 □按要求安装其他附件

续上表

步骤	操作方法及说明	质量标准及记录
2. 安装汽车风窗玻璃	(9)接上蓄电池负极,打开点火开关至ON挡,检查各项功能; (10)完工后检查。 提示: ①打开玻璃黏合剂并装配切割好的胶嘴,摒弃最前端约5cm的胶条,保持新胶的施涂顺畅; ②施胶接口处搭接2cm以防止漏水,搭接处使用塑料拨片拨平密封; ③胶条的接口通常会选择在下窗框拐角处或中间位置	□检查各项工作情况(正常/不正常) □按5S要求整理

任务评价

汽车前(后)风窗玻璃拆装考核评分记录见表2-27。

汽车前(后)风窗玻璃拆装考核评分记录表　　　表2-27

类别	序号	项目	考核内容及要求	配分	评分标准(各项配分扣完为止)	得分
专业知识(20分)	1	汽车风窗玻璃认知	正确描述风窗玻璃的作用	5	能回答问题,但回答不完整,按比例扣分;不能回答,扣5分	
			正确描述汽车玻璃黏合剂的作用	5	能回答问题,但回答不完整,按比例扣分;不能回答,扣5分	
	2	拆装工具	正确描述拆装工具套装作用	5	能回答问题,但回答不完整,按比例扣分;不能回答,扣5分	
			正确描述玻璃吸盘作用	5	能回答问题,但回答不完整,按比例扣分;不能回答,扣5分	
操作技能(80分)	1	劳保用品穿戴	劳保用品穿戴齐全	5	穿戴不全,不得分	
	2	正确选用工具、设备、材料	选用工具、设备、材料齐全准确	5	缺一件,扣1分;选错一件,扣1分	
	3	准备	准备工作齐全	5	准备不充分,一次扣2.5分	

续上表

类别	序号	项目	考核内容及要求	配分	评分标准(各项配分扣完为止)	得分
操作技能(80分)	4	风窗玻璃拆卸	在规定的时间内按标准工艺完成汽车风窗玻璃拆卸	15	未完成不得分,超时完成扣5分;拆卸时损坏连接件,一次扣5分;未按标准工艺流程操作,扣5分	
		风窗玻璃安装	在规定的时间内按标准流程完成汽车风窗玻璃安装	15	安装时损坏连接件,一次扣2分;安装时未按标准流程进行,扣2分;汽车风窗玻璃各连接附件安装未到位,一项扣5分	
		安装质量	按照维修手册标准检查汽车风窗玻璃安装质量	20	安装后密封胶溢出,一处扣5分;安装后风窗玻璃与玻璃框相对位置不对,一处扣5分;安装后风窗玻璃有漏风、漏水现象,一处扣10分	
	5	正确使用工具、设备、材料	工具、设备使用正确	5	工具设备材料使用不正确,扣2分	
					损坏、丢失一件工具,不得分	
	6	操作规程	操作规程执行情况	5	违反操作规程,不得分	
	7	清理现场(5S管理)	清理并回收工具和设备	5	少收一件工具、设备,扣1分	
		分数总计		100	最终得分	

考核员签字:_____　　　　　　　　　　日期:_____年___月___日

任务7　汽车后翼子板更换(三级)

▶ 建议学时:6学时

考核要求

一、知识要求

1. 掌握常用的汽车板件分离技术及注意事项。
2. 掌握汽车板件的连接技术及注意事项。
3. 掌握汽车维修手册查询的基本知识。
4. 掌握汽车防锈的基本知识。

二、技能要求

1. 能切割分离钢板、正确去除电阻点焊、合理使用夹持工具。

2. 能正确预处理新件、正确定位新件、用焊接等连接技术完成后翼子板更换。

任务准备

一、切割分离技术的种类

常用的切割分离技术主要有两种类型,一种是冷切割,另一种是加热切割。冷切割主要包括剪切、锯割、磨削、钻削;加热切割主要包括火焰切割、等离子切割。切割分离技术分类及常用工具见表2-28。

切割分离技术种类及常用工具　　　　　　表2-28

序号	名　称	常 用 工 具
1	剪切	手工剪刀
2	锯割	手锯、气动锯、电动锯、锯条
3	磨削	砂轮机、研磨机、切割砂轮(纸)
4	钻削	钻机、焊点剔除钻、麻花钻头、焊点专用钻头
5	火焰切割	氧气-乙炔切割设备
6	等离子切割	等离子切割机

二、切割分离形式及位置的确定原则

1. 整体分离更换后翼子板

适用原则:当车身侧部整体受损,如更换整个车身侧围板,则采用整体分离方式更换后翼子板,如图2-10所示。整体分离方式更换零件较多,作业范围较大,工时和成本较高。

2. 局部切割分离更换后翼子板

适用原则:当车身只是局部受损,则可采用局部切割的方式更换后翼子板,切割位置如图2-11所示。为避免更换时焊接热量造成后翼子板变形,在确定切割位置时,尽量选择较短的切割距离。

图2-10　整体分离

图2-11　局部切割分离

3. 汽车后翼子板切割分离专用工具(表2-29)

汽车后翼子板切割分离专用工具　　　　　　表2-29

序号	名称	图片	功能
1	电阻点焊去除钻		用于去除汽车上的电阻点焊焊点
2	砂轮机		可以用于磨削、去除毛刺等作业
3	等离子切割机		等离子切割是一种常用的金属和非金属材料的切割工艺方法。它利用高速、高温和高能的等离子气流来加热和熔化被切割材料
4	气动锯		用高压空气作为动力,可以用来切割分离的工作
5	砂带机		用于钢板件的打磨,去除漆膜、锈及密封胶

续上表

序号	名称	图片	功能
6	气体保护焊机		气体保护焊机,主要有电源、送丝机构、供气系统、焊枪等部分组成,通过高温使母材以及焊丝熔化结合达到焊接成型

4. 后翼子板更换切割线布置原则

(1) 避开撞击吸收区(应力集中区)。

(2) 避开负荷承载区(加强部位)。

(3) 尽量选择切割线较短位置,避免安装时焊接热量造成板件变形。

三、需要进行更换作业的板件

(1) 在碰撞中,车身外部面板受到较大力,产生比较严重的翘曲,在上面有冷作硬化,有些面板背面无法接近,不能进行很好的维修。

(2) 产生腐蚀比较严重的部件,通常唯一修复的办法是更换部件。

(3) 一些重要区域是高强度钢板区,如保险杠加强件和侧护板门梁。这些板件受损后必须更换,不能用加热来进行校正高强度钢板。

四、板件更换的注意事项

(1) 结构性板件是所有车身零部件和附属于它们的外部板件的安装基础。

(2) 焊接结构性板件定位的准确性,决定了所有外形的配合和悬架的准确。在装配过程中,焊接的板件不能草率地用垫片进行调整,在焊接以前,结构板件必须精确地定位。

(3) 修理结构板件时,应该遵照制造厂的建议,在需要切割或分割板件时,厂方的建议尤为重要。一些厂家不允许反复分割结构件,另外一些厂家只有在遵循工厂的正确工艺规程时才同意分割。

(4) 不能割断可能降低乘客安全性的区域、降低汽车性能的区域或影响关键尺寸的地方。

(5) 在任何条件下,都不能用加热来矫直高强度钢板。

一、实训资源

(1) 实训场地:汽车车身修复实训场。
(2) 实训车辆:轿车1辆。
(3) 工具耗材与设备:气动钻、焊点去除钻、切割锯、角磨机、砂带机、直尺、大力钳、气体保护焊机、钣金锤、防锈剂。

二、安全注意事项

(1) 操作人员应穿着工作服和工作鞋、戴焊接头盔,必要时佩戴护目镜、耳塞和口罩,做好个防护。
(2) 使用电动设备,应严格按照其额定电压、频率提供电源。
(3) 切割分离时一定要先确定好位置。

三、操作过程

1. 准备工作

汽车后翼子板更换的准备工作操作方法及说明见表2-30。

汽车后翼子板更换的准备工作操作方法及说明　　　　表2-30

步骤	操作方法及说明	质量标准及记录
1. 车辆处理	(1) 提醒车主取走贵重物品; (2) 将车内物品移到干净、安全位置; (3) 将行李舱内物品移到干净、安全位置	□应无贵重物品,如手机、钱包等 □清空行李舱内物品
2. 车辆保护	(1) 确认维修环境; (2) 车辆工作区域区域进行保护处理 防火毯	□确定维修区域的安全 □作防火处理
3. 损伤判断	(1) 判断中柱损伤; (2) 标记损伤范围; (3) 查阅维修资料画出切割线。 提示:维修资料可以是电子的,也可以是纸质的	□使用四种损伤判断方法综合判断 □标记出损伤范围 □会查阅维修资料

2.操作步骤

汽车后翼子板更换工作操作方法及说明见表2-31。

汽车后翼子板更换工作操作方法及说明　　　表2-31

步骤	操作方法及说明	质量标准及记录
1.板件切割	(1)使用气动锯进行切割； (2)切割要控制在切割线上； 注意：不要切割刀内板、加强板	□正确使用气动锯 □切割要控制精度
2.去除电阻点焊点	(1)通过维修资料查询电阻点焊点位置； (2)使用电阻点焊去除钻去除电阻点焊点； (3)对已经去除的部位进行清洁处理	□维修后电阻点焊点是原厂的1.3倍 □正确地进行表面清洁除油处理
3.车身侧的焊接准备	(1)使用砂带机磨平焊接痕迹和毛刺； (2)去除车身侧残留的漆膜和密封胶； (3)使用木槌和手顶铁维修车身侧便于和新板件进行连接； (4)清洁除油后施涂电阻点焊专用防锈漆于板件表面 点焊专用漆（锌粉漆）	□正确佩戴劳保用品 □修复分离过程中受损的表面
4.新板件的初步切割	(1)使用塑料样规或者专用工具划切割线； 注意：在切割线上进行切割。 (2)使用切割锯时要适当控制速度避免板件变形严重	□正确使用专用工具 □正确查阅资料

续上表

步骤	操作方法及说明	质量标准及记录
5.新钢板定位	(1)新钢板暂时固定； (2)依照标准孔或者旧零件的安装位置定位； (3)以旧钢板的尺寸为依据,固定后翼子板	□正确地使用大力钳 □寻找旧钢板的配合痕迹
6.新板件位置调整	(1)后翼子板与后车门的装配间隙,调整前、后方向,并用夹钳固定车门； (2)后翼子板与行李舱盖的装配间隙,调整左、右方向,风窗玻璃下端固定； (3)后翼子板与行李舱盖的装配间隙,同时调整左、右方向,于下围板处固定； (4)下围板的调整。利用左、右对称零件的安装孔来调整后翼子微义围板的位置； (5)安装自攻螺钉。使用3mm钻头在大力钳位置钻孔,安装自攻螺钉； (6)安装其他零部件	□正确调整新板件位置 □安装自攻螺固定位置
7.重叠切割	(1)使用维修手册确定切割线； (2)切除新钢板和车身侧围板重叠部位； (3)拆下新钢板； (4)切除车身残留钢板	□会进行重叠切割 □能清除残留钢板 □保持气动锯的切割速度

续上表

步骤	操作方法及说明	质量标准及记录
8. 新钢板焊前准备	(1) 磨除要实施电阻点焊点的漆层； (2) 在新板上用不同记号标记电阻点焊点和填孔焊处； (3) 对填孔焊处进行钻孔作业； (4) 对电阻点焊除施涂防锈底漆； (5) 轮眉凸缘处 5mm 左右的部位施涂密封胶。 使用自攻螺钉再次将新零件暂时固定	□去除焊点周围旧漆层 □对填孔焊处进行开孔作业 □正确使用大力钳
9. 新件焊接	(1) 电阻点焊：为防止热变形，避免由单一方向依序的实施焊接，采用错位焊接。确认极头前端的状态，若有磨损或脏污，必须实施研磨； (2) 填孔焊接：若钢板之间有间隙，则用大力钳将它夹紧； (3) 连续点焊：先定位，再进行主焊接，为了减少热变形，采用分段错位焊接	□正确地进行焊接作业
10. 焊接后处理	(1) 研磨焊接部位，研磨焊点部位表面； (2) 防锈处理，喷涂底漆； (3) 涂抹车身密封； (4) 钢板接合面涂抹车身密封胶	□对焊点进行打磨
11. 调整装配间隙	零件的暂时安装以下列顺序来实施调整： (1) 行李舱盖的前、后方向（将行李舱盖和后翼子板后侧对齐）； (2) 行李舱盖的左、右间隙（调整行李舱盖和后翼子板间隙的左、右及偏差）； (3) 行李舱盖的高度，依左、右侧的间隙来实施调整	□正确的调整间隙

续上表

步骤	操作方法及说明	质量标准及记录
12. 完工检查	测量检查后翼子板与行李舱盖、车门等间隙,确认后翼子板位置准确 	□再次确认更换后的质量
13. 完工整理	车辆、工具、设备场地整理和复位	□按5S要求整理

任务评价

汽车后翼子板更换考核评分记录见表2-32。

汽车后翼子板更换考核评分记录表　　　　　　　　表2-32

类别	序号	项目	考核内容及要求	配分	评分标准(各项配分扣完为止)	得分
专业知识(20分)	1	车身结构	正确描述后翼子板的组成	5	能回答问题,但回答不完整,按比例扣分;不能回答,扣5分	
			正确描述后翼子板的作用	5	能回答问题,但回答不完整,按比例扣分;不能回答,扣5分	
	2	车身结合于分离技术	正确描述车身常见的结合技术	5	能回答问题,但回答不完整,按比例扣分;不能回答,扣5分	
			正确描述车身常见的分离技术	5	能回答问题,但回答不完整,按比例扣分;不能回答,扣5分	
操作技能(80分)	1	劳保用品穿戴	劳保用品穿戴齐全	5	穿戴不全,不得分	
	2	正确选用工具、设备、材料	选用工具、设备、材料齐全准确	5	缺一件,扣1分;选错一件,扣1分	
	3	准备	准备工作齐全	5	准备不充分,一次扣2.5分	
	4	分离前准备工作	保护车辆、确定切割位置	10	切割分离前未对其他部位保护,扣2分; 前翼子板切割位置错误,扣5分; 焊点位置标记错误,扣5分	
		受损件拆卸	去除焊点、切割分离、表面处理	15	切割尺寸超过公差,一处扣5分; 钻除焊点伤及底板,一处扣5分; 切割分离时锯片断裂,一次扣2分	

续上表

类别	序号	项目	考核内容及要求	配分	评分标准(各项配分扣完为止)	得分
操作技能(80分)	4	新件安装及质量	完成新件安装并达到质量要求	25	连续点焊质量不达标,一处扣2分; 填孔焊质量不达标,一处扣2分; 安装后相对位置不达标,一处扣2分	
	5	正确使用工具、设备、材料	工具、设备使用正确	5	一种工具、设备、材料使用不正确,扣2分	
					损坏、丢失一件工具,不得分	
	6	操作规程	操作规程执行情况	5	违反操作规程,不得分	
	7	清理现场(5S管理)	清理并回收工具和设备	5	未做,扣5分; 未清扫现场,扣1分; 未整理工具设备,扣1分	
		分数总计		100	最终得分	

考核员签字:_____   日期:_____年___月___日

任务8 钢铝混装车身结构板件更换(三级)

▶ 建议学时:4学时

考核要求

一、知识要求

1. 掌握常用铝材的物理特性、类型。
2. 掌握汽车胶粘、铆接的基础知识。
3. 掌握铝合金焊接的基本操作和注意事项。
4. 掌握铆枪的使用方法和注意事项。

二、技能要求

1. 能用不同的方法判断钢铝混合车身的损伤范围。
2. 能对钢铝混合车身的损伤部位进行切割分离。
3. 能对钢铝混合车身进行铆接、胶粘、焊接作业。
4. 能对钢铝混合车身进行钣金原子灰的施涂、打磨作业。
5. 考生能对钢铝混合车身进行车身内腔进行灌蜡处理。

一、铝合金车身

随着汽车保有量的不断增加,世界各国为应对日益严重的环境污染,对汽车尾气排放制订了更加严格的标准。为减少尾气排放,各汽车厂商越来越注重汽车车身轻量化,铝合金在车身上的应用不断增加。

铝的熔点很低,只有660℃,沸点为2477℃,且不会被磁化,其具有美观、无毒、适于再生的优点。工业纯铝的强度很低,抗拉强度仅为50MPa。铝很容易被氧化,生成的氧化膜具有2050℃的高熔点,且硬度和比重均高于铝材本身,导电性是铜的60%~65%,是铁的4倍,是一种导电性比较好的导电材料。

1. 铝合金材料

汽车车身上常用的铝合金材料类型及特征见表2-33。

汽车车身上常用的铝合金材料类型及特征　　　　表2-33

铝合金类型	特　征	应　用
1000系列（纯铝）	纯度为99%以上的铝质材料,导电性、耐腐蚀性佳,但强度弱	家庭用品、电器、器具
2000系类（铝铜合金）	一般称为杜拉铝,此种合金成分像钢一样,但焊接性差。此热处理铝合金板的强度相当于低碳钢板	飞机机身
3000系列（铝锰合金）	具有可加工性、良好的抗腐蚀性,强度比纯铝高	建筑材料、容器
4000系列（铝硅合金）	添加硅可以产生高耐磨性	发动机活塞、汽缸、焊接填充金属
5000系列（铝镁合金）	非热处理合金中强度最大,具有模锻性、抗腐蚀性,易于焊接和加工成型	焊接结构材料、汽车和船舶
6000系列（铝镁硅合金）	良好的强度、抗腐蚀性、卓越的可塑性、良好的再利用率	汽车外板件和建筑物的窗框
7000系列（铝锌镁合金）	在铝合金中强度最高	汽车结构材料、保险杠材料、加强件

奥迪 A8L 上使用了铝铸件、铝板件、铝型件和碳纤维,如图 2-12 所示。因为纯铝的硬度很低,为了保证车身组件的使用性能,不能用纯铝材质,而是使用铝合金材质。铝合金的强度可以通过锻造和热处理硬化来提高硬度。通常铝合金的主要成分为镁和硅。

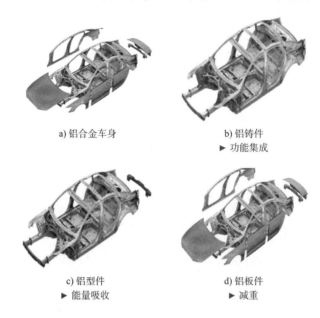

a) 铝合金车身　　b) 铝铸件
　　　　　　　　　▶ 功能集成

c) 铝型件　　　　d) 铝板件
▶ 能量吸收　　　▶ 减重

图 2-12　常用的铝合金材料(以奥迪汽车为例)

(1)铝铸件。

铝铸件是铝合金溶液通过压力被高速地压入一个铸模里面,这样能制造出复杂的形状,壁厚可以得到更好的优化,铝铸件非常适合做各部位的接点。

(2)铝板件。

铝板件是柔软具有良好的可塑性,但是强度较低一般用在强度要求不高的覆盖件上。

(3)铝型件。

铝型件是铝板通过加热变软之后对它加压让它通过一个低模制造成空心棒状的型件,通过这样的处理使得它特别的坚硬,而又壁薄质量轻,对整车的强度至关重要。

2. 钢铝车身常用的连接方式

在混合材料的车身结构中,为实现轻量化,铆接是应用最多的一种方式,如图 2-13 所示。由于大量的铝质材料应用在车身上,传统的连接方式无法有效地对铝质材料进行连接,铆接的优势就凸显出来了。铝铆钉相对质量要轻于螺栓等连接方式,而它是利用压力使得铆钉两端变形而进行的板与板之间的连接方法,不会有热变形,也不会对板件性能造成损害,是一种非常环保的连接技术。

激光焊接是以聚焦的激光束作为能源对工件相应区域,填充焊丝进行加热融化形成焊缝的一种连接工艺,根据是否需要填料和焊接温度的高低又可细分为激光焊和激光钎焊,这些先进的焊接方式大大地提高了汽车的连接强度和减低了整车的质量。

随着越来越多的混合材料车身的出现,越来越多的汽车胶出现在汽车上,胶粘相对操作简单,而强度高且胶粘化学剂普遍质量较轻,适合轻量化车身的连接。

项目二 汽车车身零部件拆装与更换

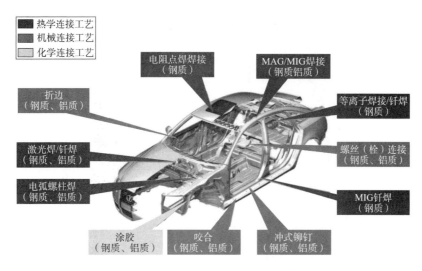

图 2-13 轻量化的连接技术

二、钢铝混装车身结构板件更换所需工具、设备和材料

1. 工具、设备

铝混装车身结构板件更换包含的设备工具见表 2-34。

铝混装车身结构板件更换包含的设备工具　　　　　表 2-34

序号	名称	图　片	功　能
1	气动切割锯		用来进行板件分离的工具
2	铆钉枪		用来进行铆钉的紧固的工具

续上表

序号	名称	图片	功能
3	拉铆枪		用来去除铆钉的工具
4	角磨机		使用打磨片在高速运动下打磨钢板表面
5	铝焊机		进行铝合金板件的焊接工作
6	热风枪		可以加热物体表面
7	气动钣金胶枪		施涂钣金胶的专用工具

续上表

序号	名称	图　片	功　能
8	专用羊毛球		用来粘取不同的物体

2. 钢铝混装车身结构板件更换所需材料

钢铝混装车身的板件更换需要用到较多的耗材，常见的有铆钉、车身胶等，见表2-35。

钢铝混装车身结构板件更换所需材料　　　　　　　　表2-35

序号	清洁材料	性能特点	使用范围	使用方法
1	铆钉	不同种类、不同用途	主要用于钢铝混合材料的连接	铆钉的直径应为工件厚度的2倍，钉距应为铆钉直径的3倍，偏差±1mm
2	铝合金底漆	对铝合金进行防锈处理，增加表面附着力	主要在铝合金胶粘前使用	使用羊毛球适量粘取进行施涂
3	车身胶	粘接板件、防止抖动、提供真空	主要在铝合金、玻璃等材料上做黏接剂使用	使用专用胶枪进行施涂作业

任务实施

一、实训资源

(1) 实训场地:汽车整车拆装实训场。
(2) 实训车辆:轿车 1 辆。
(3) 工具耗材与设备:汽车铝合金更换作业工具 1 套,耗材若干。

二、安全注意事项

(1) 操作人员应穿着工作服和工作鞋、戴工作帽,必要时佩戴护目镜、耳塞和口罩,做好个人防护。
(2) 使用电动设备、气动设备时要主要设备使用的安全。
(3) 铝合金焊接必须在通风环境好的情况下进行。

三、操作过程

1. 准备工作

损伤描述:一台奥迪 A8L 全铝车身,车身左侧围受到剐擦出现条形损伤,损伤长度为 500mm,其中,有长度 260mm 的撕裂损伤如图 2-14 所示。

图 2-14 车身损伤情况

钢铝混装车身损伤判断工作操作方法及说明见表 2-36。

钢铝混装车身损伤判断工作操作方法及说明　　　　表 2-36

步骤	操作方法及说明	质量标准及记录
1. 车辆清洁	(1) 提醒车主取走贵重物品; (2) 将车内物品移到干净、安全位置; (3) 对车辆进行清洁处理; (4) 保护好相关部件	□应无贵重物品,如手机、钱包等 □车辆内外表面清洁无尘 □车辆附件已做好防护

续上表

步骤	操作方法及说明	质量标准及记录
2. 使用4种方法进行损伤判断	(1) 损伤判断方法： 对于损伤的判断和确认主要有四种方法，它们分别是目视法、测量法、触摸法、涂抹法。 (2) 进行损伤判断： 综合以上四种方法进行损伤的判断，并最终确定损伤的位置为车身后侧围。 注意：损伤判断方法通常综合使用，以便更加精准的进行范围的确定	□正确使用损伤判断的方法 □对损伤部位进行标记 □记录损伤范围

2. 操作步骤

钢铝混合车身结构板件更换操作方法及说明见表2-37。

钢铝混合车身结构板件更换操作方法及说明　　　　表2-37

步骤	操作方法及说明	质量标准及记录
1. 受损板件分离	(1) 确定换件切割位置，根据车身维修手册及电子服务信息查询系统（ELSA）确定切割位置，使用胶带对切割线进行定位，并用马克笔做上记号； (2) 对损坏的板件进行切割分离，使用气动切割锯从确定的分离线进行分离，对于有内板和加强梁的地方注意不要切到下一层，注意手要握紧气动锯，尽量不要偏离直线，为保证精度，建议先对板件进行粗切，匹配好之后再进行精切；	□正确使用电子信息查询系统 □进行切割作业的时候____（可以/不可以）伤到下层板

续上表

步骤	操作方法及说明	质量标准及记录
1. 受损板件分离	(3)选择正确的冲头组合安装在铆钉枪 VAS5279B 上,然后把冲头组合接入铆钉枪头部,调好铆钉枪的压力,准备压出后侧围凸缘边缘的铆钉(分离铆钉),对于双面无法触及的冲式铆钉,使用介子机 VAS5196 在其表面上焊上不锈钢螺钉,然后使用气动拉铆枪 VAG2003A 将其拉出来; (4)使用角磨机磨削相关连接区域,断开侧围与车身主体的连接。用钣金锉子,剔下受损的旧件,注意不要致使背板受损或者变形。打磨掉背部上的残留物,在打磨之前要检查背板是否存在变形,如果有变形要进行整形作业以确保精度,使用小角磨机,沿着分离的各个表面进行精细处理	□正确的使用铆钉枪
2. 新旧件处理	(1)进行新旧件的对比切割,注意确保装配精度及切口尺寸的精度。如果发现匹配不理想必须进行微调的,建议先对板件进行粗切割,匹配好了再进行精切割; (2)将新板的末端需要与旧板的末端进行焊接的结合部位进行打磨和去除毛刺,每个结合面打磨到裸金属 40mm 的位置。接口的毛刺去除可以使用专用毛刷;	□对比切割 □必须打磨结合面

续上表

步骤	操作方法及说明	质量标准及记录
2. 新旧件处理	（3）制作铝焊接垫板，可以利用车身切割下来的旧件或者备件或余下来的边角料制作成焊接接口的垫板，然后利用锤击把垫板镶嵌到结合面下层； （4）进行垫板的焊接固定，穿戴好劳保用品，调节好焊机参数，并且进行试焊，之后用气体保护焊机进行点焊来固定好垫板。注意点焊固定各个点的间隔一般为板厚的15倍，然后磨平各个焊点	□铝板焊接____（需要/不需要）制作垫板
3. 钢铝车身连接的方法	（1）将切割好的新件固定至车身上，选择正确的钻头对铆接部位进行开孔作业，完成后取下新件； （2）用钣金专用清洁剂清洁打磨区域和连接区域包括车身连接部位和新件结合部位，对车身相关区域还要进行钝化处理然后施涂铝合金底漆，在底漆的基础上按照工艺要求继续施涂双组份胶。在特殊部位还必须施涂泡沫膨胀胶；	□铆接前要进行开孔处理 □涂胶之前____（需要/不需要）进行铝板的钝化处理

续上表

步骤	操作方法及说明	质量标准及记录
3. 钢铝车身连接的方法	(3)迅速装上新件,正确匹配后用专用大力钳进行夹持作业,由于在铆接部位有开孔,还可以采用定位销、穿心夹等进行进一步的紧固; (4)将实心铆钉置入铆接孔中,并且在相应对接处使用铝保护焊机进行点焊以起到连接件的紧固的作用。注意点焊间隙应为工件厚度的15倍; (5)选用正确的冲头组合,调好压力,用铆钉枪VAS5279B压好已经塞入的实心铆钉,对于双面无法触及的区域使用手动铆钉枪安装规定的盲铆钉; (6)磨平点焊点,使用专用的铝焊机进行连续拉焊,注意拉焊要分段焊接,然后再磨平所有焊缝; (7)由于轮罩边缘还没进行包边处理,必须对轮罩区域进行折边处理,折边时不要一次到位必须分三步,第一步先把边缘锤击到45°左右,之后再把边缘锤击到90°左右,最后把边缘压到180°但是折边底部必须留1个板厚左右的空腔,不能全部折到底	□饰件洁净,无污渍

续上表

步骤	操作方法及说明	质量标准及记录
4.铝质钣金原子灰施涂及防锈处理	(1)清洁接口区域,施涂钣金原子灰,使用热风枪进行加热处理,并且使用温度检测器检测温度; (2)使用双作用打磨机配合 P80~P120 号砂纸打磨钣金原子灰区域,并对车身内腔进行灌蜡处理,确保车辆的长期防腐性能,之后清洁作业,做好场地恢复及5S工作。 注意:为了防止出现铝质车身的腐蚀,修复铝质车身必须要有单独整套专用的车身修复工具,不能与钢材的修复工具进行混用	□施涂钣金原子灰时必须对其进行加热处理 □使用双作用打磨机 □对车辆进行防锈处理
5.质量检查	经过以上的工序,对换件后的车辆进行了尺寸测量和强度检测,确认车辆恢复到了出厂前的尺寸和原来的状态车辆修复完毕	□确认胶粘铆接位置的间隙和强度 □确认车辆更换部位的尺寸
6.完工整理	车辆、工具、设备场地整理和复位	□按5S要求整理

任务评价

钢铝混装车身结构板件更换考核评分记录见表2-38。

钢铝混装车身结构板件更换考核评分记录表   表2-38

类别	序号	项目	考核内容及要求	配分	评分标准(各项配分扣完为止)	得分
专业知识(20分)	1	铝合金材料的基础知识	正确描述铝合金材料的特性	5	能回答问题,但回答不完整,按比例扣分;不能回答,扣5分	
			正确描述铝合金材料的类型	5	能回答问题,但回答不完整,按比例扣分;不能回答,扣5分	
	2	铝合金材料的应用	正确描述铝铸件、板件的区别	5	能回答问题,但回答不完整,按比例扣分;不能回答,扣5分	
			正确描述轻量化车身的连接技术	5	能回答问题,但回答不完整,按比例扣分;不能回答,扣5分	

汽车车身整形修复工(五级、四级、三级)

续上表

类别	序号	项目	考核内容及要求	配分	评分标准(各项配分扣完为止)	得分
操作技能(80分)	1	劳保用品穿戴	劳保用品穿戴齐全	5	穿戴不全,不得分	
	2	正确选用工具、设备、材料	选用工具、设备、材料齐全准确	5	缺一件,扣1分;选错一件,扣1分	
	3	准备	准备工作齐全	5	准备不充分,一次扣2.5分	
	4	损伤判断	正确的画出损伤范围	5	方法错误,扣2分;未完成,扣5分	
		确定好切割位置	查询电子信息系统等资料	5	方法错误,扣2分;未完成,扣5分	
		旧件切割	正确的分离旧件	10	方法错误,扣2分;未完成,扣5分	
		新件结合	正确的使用多种方法进行新件的结合	20	方法错误,扣5分;未完成,扣5分	
		防锈处理	对结合部位进行防锈处理	10	未进行防锈,扣10分;未完成,扣5分	
	5	正确使用工具、设备、材料	工具、设备使用正确	5	一种工具、设备、材料使用不正确,扣2分	
					损坏、丢失一件工具,不得分	
	6	操作规程	操作规程执行情况	5	违反操作规程,不得分	
	7	清理现场(5S管理)	清理、擦洗并回收工具和设备	5	少收一件工具、设备,扣1分	
		分数总计		100	最终得分	

考核员签字:_____   日期:_____年___月___日

项目三　汽车车身部件损伤修复

项目描述

汽车车身零部件损伤修复是汽车事故维修典型工作任务。

在汽车事故中,车身部件在会产生不同类型的损伤,汽车事故维修技术人员需按照标准工艺流程和要求对不同材质、不同类型的车身部件损伤进行维修,通过焊接、修复等工艺使之恢复外观质量和安全性能。

本项目通过对汽车前翼子板、车门外板、车门门框、汽车保险杠、汽车前纵梁以及铝合金车身板件损伤维修及焊接相关知识和技能的讲解,让你了解并掌握汽车车身零部件不同类型损伤的维修方法和维修工艺,并通过任务评价使读者理解汽车车身零部件损伤维修的质量检验标准及方法。

任务1　汽车前翼子板凹陷型损伤修复（手工维修）（五级）

▶ 建议学时:4学时

考核要求

一、知识要求

1. 理解金属变形本质属性。
2. 学会维修钢质板面的基本方法。
3. 掌握门板损伤判断方法。
4. 学会手工工具使用方法。

二、技能要求

1. 能够正确选用手工工具进行维修。
2. 能够对前翼子板凹陷型损伤进行维修。

任务准备

一、金属材料的变形及变形的本质

大多数金属材料都具有弹性、塑性、冷加工硬化和热影响等性能。车身维修是针对金属

材料的这些性能来进行成型、矫正、焊接、涂装作业。充分了解金属材料的性能,尤其是力学性能,才能对车身损坏作出正确的诊断,从而以此为依据制订出合理的维修方案。

在工程力学的低碳钢拉伸实验中,金属在外力载荷的作用下,随着外力的增加,可先后发生弹性变形、塑性变形,最后达到断裂损坏。当材料所受应力低于弹性极限时,钢件所发生的变形为弹性变形。其特点是在外力去除后,这种变形随即完全恢复,而且,此阶段变形与载荷成正比。

当所施加的载荷略大于弹性极限时,钢材不但产生弹性变形,还会暂时失去抵抗变形的能力而发生更为明显的塑性变形。在外力去除后,其弹性变形部分会全部消失,但塑性变形部分会作为残留变形被永久保留下来,即变形不能得到完全的恢复,如图3-1 所示。

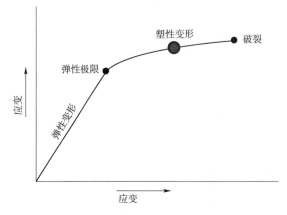

图 3-1　金属材料应力与应变示意图

汽车发生碰撞时,碰撞力沿车身扩散,并使许多部位发生变形,碰撞力具有穿过车身坚固部位最终抵达并损坏薄弱部件,扩散并深入至车身部件内的特性。因此,为了查找汽车损伤,必须沿碰撞力扩散的路径查找车身薄弱部位。沿碰撞力扩散方向逐处检查,确认是否有损伤和损伤程度。

二、手工工具维修方法

通常使用手工工具对门板或者翼子板进行维修的时候,需要练习手锤、手顶铁的配合使用,我们通常使用虚敲和实敲两种方法。虚敲也称为错位敲击,手顶铁和手锤作用点不一致,手顶铁顶着凹陷下去的点,手锤敲击表面的高点,这时候手锤发力以正敲为主。这种方法通常用于大区域凹陷的粗修过程。实敲也称为对位敲击,手锤和手顶铁作用点一致,常用于精修阶段,而且以滑锤为主。

三、汽车门外板损伤修复工具、设备和材料

汽车门板损伤修复需要用到的普通工具有钢尺、马克笔、清洁布,如图3-2 所示。

图 3-2　钢尺、马克笔、清洁布

专用的工具设备包括手锤手顶铁套装、气动打磨

机、外形修复机等,见表3-1。

汽车门外板损伤修复专用工具设备 表3-1

序号	名称	图片	功能
1	冲击锤		维修大的凹陷时,冲击锤用于凹陷板面初始的校正,或加工内部板和加强相关部位。这种情况需要较大的力量,而不要求光洁的表面
2	精修锤		用冲击锤修复凹陷之后,需要用精修锤以得到最后的外形
3	顶铁		通常顶在锤敲击金属板的背面,用锤和顶铁一起作业使高起的部位下降,使低凹部位上升
4	外形修复机		外形修复机可以对焊接垫圈、焊钉、螺柱、星形焊片等进行拉伸操作,还可以使用铜触头和炭棒进行收缩操作
5	吸尘式打磨机		打磨机是一种借助电化空气压缩来提供动能驱动力,牵动砂纸等打磨设备,进而对产品工件实现打磨,达到产品工件表面层光滑细腻或整齐的设备

续上表

序号	名称	图片	功能
6	吹风枪		清除尘埃、粉末、屑末及水分,最适用于空气清洗、冷却以及干燥

任务实施

一、实训资源

(1)实训场地:门板修复实训室。
(2)实训车辆:前翼子板部位损伤车辆1台。
(3)工具耗材与设备:翼子板支架1台,大力钳若干,门板修复工具1套。

二、安全注意事项

(1)操作人员应穿着工作服和工作鞋、戴工作帽,必要时佩戴护目镜、耳塞和口罩,做好个人防护。
(2)使用外形修复机时,正确选择功能挡位,并在板件焊接前进行调试。
(3)修复过程中需用到动力工具,严格按照动力工具使用规范操作。

三、操作过程

1.准备工作

汽车前翼子板凹陷形损伤修复准备操作方法及说明见表3-2。

汽车前翼子板凹陷形损伤修复准备操作方法及说明　　　　　表3-2

步骤	操作方法及说明	质量标准及记录
1.拆下损伤翼子板	按照项目二任务2标准进行	□专用工具和通用工具是否使用正确 □是否有工具掉落 □拆装顺序是否符合标准
2.将翼子板安装在专用支架上	(1)先将翼子板摆在支架正确位置; (2)用大力钳将其固定	□固定位置是否准确 □固定效果

2. 操作步骤

汽车前翼子板凹陷形损伤修复操作方法及说明,见表3-3。

汽车前翼子板凹陷形损伤修复操作方法及说明　　　　　表3-3

步骤	操作方法及说明	质量标准及记录
1. 损伤评估	(1) 目视法判断损伤范围。在光线照射下,通过变形和未变形区域反射出来光线强度不同来判断门板损伤情况; (2) 触摸法准确判断损伤大小,确定维修方法。将手伸直,利用掌心前端部分以及中指对损伤进行触摸,进一步确定损伤大小	□评估方法选用 □评估结果
2. 粗修	(1) 使用虚敲方法,手锤和手顶铁配合移动,损伤外部及其周围应力去除,使弹性变形部位复原; (2) 用手顶铁顶住凹陷部位,正敲将突出部分修下去,凹陷部位顶出来,将整个平面大概整平	□敲击方法选用 □粗修质量
3. 画线与打磨	(1) 根据损伤的形状以及大小,用马克笔进行画线,画线位置应与损伤部位距离在 30~50mm; (2) 使用打磨机使用 60 号砂纸将线内区域进行打磨处理,连接区域应打磨出羽状边	□画线形状与大小 □衔接处打磨效果 □打磨整体效果
4. 测量与精修	(1) 对比法对门板进行测量,使用专用卡尺或者样板尺对损伤平面进行检测,明晰高低点位置; (2) 对测量出来的高低点进行精修,应注意此时多用滑锤保证板面平整度,同时减小平面的延展,如果平板有延展,可以使用收缩锤进行修整	□测量尺选用 □测量姿势

续上表

步骤	操作方法及说明	质量标准及记录
5.完工检查	用P80砂纸再次打磨损伤区域,最后检查板面质量	□前翼子板整体质量
6.完工整理	车辆、工具、设备场地整理和复位	□按5S要求整理

任务评价

汽车前翼子板凹陷形损伤修复考核评分记录见表3-4。

汽车前翼子板凹陷形损伤修复考核评分记录表　　　　表3-4

类别	序号	项目	考核内容及要求	配分	评分标准(各项配分扣完为止)	得分
专业知识(10分)	1	翼子板修复	损伤评估方法	5	能回答问题,但回答不完整,按比例扣分;不能回答,扣5分	
			虚敲、实敲的区别	5	能回答问题,但回答不完整,按比例扣分;不能回答,扣5分	
操作技能(90分)	1	劳保用品穿戴	劳保用品穿戴齐全	5	穿戴不全,不得分	
	2	正确选用工具、设备、材料	选用工具、设备、材料齐全准确	5	缺一件,扣1分;选错一件,扣1分	
	3	准备	准备工作齐全	5	准备不充分,一次扣2.5分	
	4	损伤评估	使用方法准确	5	方法错误,扣5分	
	5	粗修	方法,握锤姿势、修复质量	20	方法错误,扣5分	
					姿势错误,扣5分	
					根据修复质量扣0~10分	
	6	画线打磨	画线范围,打磨质量	10	范围错误,扣5分;打磨衔接不好或者有地方没打磨,扣5分	
	7	测量与精修	方法,握锤姿势、修复质量	25	方法错误,扣5分	
					姿势错误,扣5分	
					根据修复质量扣0~20分,高点一个6分,低点一个4分	
	8	操作规程	操作规程执行情况	10	违反操作规程,不得分;中途掉一次工具,扣1分	
	9	清理现场(5S管理)	清理、擦洗并回收工具和设备	5	少收一件工具、设备,扣1分	
		分数总计		100	最终得分	

考核员签字:＿＿＿＿＿＿＿＿＿　　　　　　　　　　日期:＿＿＿＿年＿＿月＿＿日

任务2　汽车车门外板平坦表面损伤修复(五级)

▶ 建议学时:4 学时

一、知识要求

1. 掌握钢板整形修复机使用及维护方法。
2. 理解钢板延展和收缩的基本知识。
3. 熟悉常用金属材料热处理常识。
4. 掌握焊接操作方法及安全操作规程。

二、技能要求

1. 能使用钢板整形修复机修复车门外板平面损伤。
2. 能进行钢板冷热态整形修复。
3. 能使用气体保护焊焊接钢板上不超过5mm的裂纹、直径不大于2mm的孔洞。

一、钢板延展和收缩的基本知识

在车身维修过程中进行焊接、成形、矫正、敲平等作业或者汽车产生碰撞,都会使车身板件产生不同程度的变形,出现被拉伸或压缩的现象。被拉伸处板件变薄了,形成疏松状态,表现强度不足;被压缩处板件变厚了,形成收紧的状态,金属内部存在较大的应力。

有时车身的覆盖件如车门、车顶、翼子板等处,通过整平维修后,表面形状好像恢复了,但只要用手指轻轻一按,它就下去了,不能回弹,从背面用锤柄或其他工具轻轻顶一下,它又恢复形状了,这就是明显的金属被拉伸现象,不经过收缩,这地方的强度是不能达到维修要求的。这时必须采用收缩的方法将金属内部分子拉回到其原来的位置上,使金属完全恢复到应有的形状和厚度,并释放金属内部的应力。

金属板件的收缩与延展称为金属板件的"收放","收"指对被拉伸或膨胀的金属收缩;"放"指对被压缩或收缩的金属进行放松延展。对金属板件收放的基本方法有:冷作法、火焰法、电热法等。

1.冷作法

冷作法是指用钣金锤和垫铁为主要工具,通过敲击拉紧部位使之放松,从而使变形板件恢复原状。冷作法对防腐层的破坏程度较低,比较适合维修耐腐蚀特种钢板;利用金属的冷加工硬化现象,可进一步提高材料的强度和硬度,对薄钢板膨胀、拱起或拉紧、翘曲现象,收放效果十分显著。冷作法收缩在车身修复的钣金维修中应用非常广泛,当金属膨胀面积比较小时,就可以用冷作法收缩处理,目前常用且有效的方法是应用专用收缩锤或收缩垫铁。

收缩锤和收缩垫铁都有一个工作面上有纵横排列的沟槽,这个面叫收缩面。这些沟槽在敲打时可以在钢板上形成许多重叠的四角状痕迹,痕迹使金属板变薄,但是也因锤面上的沟槽使板面上形成很多小的凹痕将金属板挤缩,从而将变形板件收缩拉紧,凸起变形消除,强度也得以恢复。收缩锤和收缩垫铁必须分开使用,如内侧选普通垫铁外侧用收缩锤,或内侧用收缩垫铁而外侧选平锤配合。无论如何配合,收缩锤的整个锤面都要与板面接触。当冷作法收放维修作业接近完成时,一般还要做一次精平,可用平锤、橡胶锤等做最后的调整性敲击,使整块金属的组织舒展均匀,表面平整光滑。

2. 火焰法

利用火焰法对金属板件收缩处理,俗称"收火",主要是通过热胀冷缩和锤击,使金属获得比冷作法大得多的收缩量和延伸量,适合膨胀程度大、凸起严重的板件,对拉紧状态严重、范围面积大的变形,维修效果也非常明显。火焰法收缩常用的加热火焰是氧-乙炔焰的中性焰,使用1号或2号焊嘴。火焰法收缩的操作需要二人合作才能更好地完成。由于金属的热传导作用,温度对加热部分周围的热辐射也大,所以在钣金维修中应尽量减少火焰法收缩。必须用火焰法收缩时,一定要准确控制好加热温度,一般加热温度是500℃以内,大面积收缩时,加热温度为700~750℃。当车身材料为耐腐蚀钢板、高强度钢板时,不能采用火焰法收缩。

(1)火焰收缩的原理。

将变形区中心的一小块地方加热至暗红色,随着温度的升高,钢板的受热区域开始拱起并试图向受热范围以外的地方膨胀伸长。但由于受热范围以外的金属处于冷却状态,非常坚硬,钢板无法膨胀伸长,便产生了很大的向心压力载荷;如果继续加热,受热位置将变得赤热而成为柔软的部位,膨胀伸长的金属将集中在这里,使这里的金属被向外推出,迫使这里变厚并释放出压力载荷。如果处于这种状态的赤热部位受到骤然冷却,金属将会收缩,与加热前相比,表面积就会减小。

(2)火焰法收缩的方法。

在准备收缩前,应该判断变形面积的大小,然后选择收缩的方法。火焰法收缩具体有两种方法:一是顺序收缩法,这是变形面积较大时的方法;二是点收缩法,这是小面积变形处理的方法。

顺序收缩法是首先准确找到板件变形区的最高点先行收缩,然后继续找到下一个最高点来进行收缩,依次类推,直到把所有凸出来的高点收缩完成,板件表面恢复到原来形状。点收缩法是针对小面积变形区域,用比较大一点的加热点,二次收缩完成,使维修表面达到要求的方法。无论哪一种方法,最后都要进行强度检查,保证板件的强度已经恢复到原来的状态。

在收缩加热时,焊炬火焰焰心到板件距离要稳定控制在5~10mm范围,加热点的大小应控制在直径20~30mm的小圆周范围内,在收缩点中心开始加热,发现被加热部位金属颜色开始发红时,把焊炬缓慢地沿圆周向外移动,直到整个受热部位都变成鲜红色,移开焊炬。注意金属加热超过鲜红色,就会熔化、烧穿。

加热后,用尖锤在加热收缩区,即加热点周围,轻轻敲几下,使金属分子之间相互靠拢。这时,如果金属没有发生凹陷,就不需用热铁支撑金属。

如果需要支撑金属,只能将垫铁轻轻地放在金属的下面,用钣金锤首先敲打加热点周围,将变形集中在中心点的一个地方,最后将此中心点打缩即可。当金属上的红色一消失,便可对加热点周围进行整平。

经过整平以后,用一块浸水的布或海绵压一下收缩部位,使金属快速冷却,可以得到更大程度的收缩。加速冷却方法也可以采用吹气枪,利用压缩空气进行风冷。

当收缩过的部位完全冷却下来时,经常会出现过量的收缩,这主要出现在最后一次的收缩中,收缩的金属通常会出现凹陷或被拉平,收缩区周围的金属有时甚至会被拉出原有的轮廓,这时要用钣金锤和垫铁进行整平。

用火焰法收缩要注意:在进行顺序收缩操作时,加热点尽可能小而且分布广泛,以便在不同的加热点之间能留有足够多的坚硬金属;在被加热的金属褪去红色而变为黑色之前,应尽可能快地完成维修工作,不能在加热点金属变成黑色之前就去冷却,否则,会使金属产生晶化并变硬,可能导致金属的开裂,使最后整形工作变得困难。对同一点的加热最好是一次性的。

3. 电热法

对金属进行收缩,冷作法需要在板件的两面同时操作,火焰法也要两人操作才能得到较好的效果,它的热辐射范围使操作场合、收缩板件材料受到限制。

电热法收缩是利用电热对变形板件进行加热收缩的方法,它可以在车身外面直接进行操作,热影响低、收缩质量好、变形小、效率高,可对高强度钢材料收缩,特别适合对面积较大、薄板类膨胀变形收缩强化。电热法收缩的主要工具是车身修复机配备的炭棒和铜电极。炭棒适合大面积收缩,铜电极是点收缩,适合面积较小的凸点收缩。

在使用时,根据需要选择炭棒或铜电极,如果需要大面积收缩,适宜选择炭棒收缩,收缩时将炭棒安装在焊接枪上,通电后,炭棒被加热成赤红状态,通过炭棒将热量传递给收缩的钢板,操作时选定收缩位置后,采用由外向中心螺旋运枪的手法(碳电极螺旋运枪收缩具体如图3-3所示),待膨胀的金属部位受热,再采用风枪迅速冷却,使变形和内应力得到消除,达到维修的目的。如果变形面积很小或者延展性小,呈现点状凸起状态,可以采用铜电极收火,操作时将铜电极压住板件维修部位,通电保持1~2s,然后快速冷却收缩部位5~6s,从而使得维修部位的内部金属实现收缩,达到维修目的,铜电极点收缩具体操作如图3-4所示。

图3-3 使用碳电极螺旋收缩

图3-4 铜电极点收缩

二、汽车门外板损伤修复工具、设备和材料

汽车门板损伤修复需要用到的普通工具有钢尺、马克笔、清洁布、大力钳等。

专用的工具设备包括手锤手顶铁套装、气动打磨机、外形修复机等,见表3-5。

汽车门板损伤修复专用的工具设备　　　　　表3-5

序号	名称	图片	功能
1	外形修复机		外形修复机可以对焊接垫圈、焊钉、螺柱、星形焊片等进行拉伸操作,还可以使用铜触头和炭棒进行收缩操作
2	拉拔组合工具		应用于车身钢板修复的一种新型工具,包括不同尺寸拉力器,能够将大面积凹陷损伤一次性拉伸到位
3	气体保护焊机		汽车维修时常用的焊接工具,主要由电源、送丝机构、供气系统、焊枪、五部分组成,通过高温使母材以及焊丝熔化结合达到牢固目的

续上表

序号	名称	图片	功能
4	滑动锤		外形修复机的一个配件,用于单点拉拔,有三角片、拉钩或者针状拉杆等配套工具
5	吸尘式打磨机		打磨机是一种借助电化空气压缩来提供动能驱动力,牵动砂纸等打磨设备,进而对产品工件实现打磨,达到产品工件表面层光滑细腻或整齐的设备
6	吹风枪		清除尘埃、粉末、屑末及水分,最适用于空气清洗、冷却以及干燥

一、实训资源

(1)实训场地:车身修复实训室1个。
(2)实训材料:损伤车门门板1张。
(3)工具耗材与设备:门板支架一台,大力钳若干,门板修复工具一套,打磨砂纸,除尘布。

二、安全注意事项

(1)操作人员应穿着工作服和工作鞋、戴工作帽,必要时佩戴护目镜、耳塞和口罩,做好个人防护。

（2）焊接时应着焊接专用防护工具，且注意用电安全。

三、操作过程

1. 准备工作

汽车车门外板平坦表面损伤修复准备操作方法及说明，见表3-6。

汽车车门外板平坦表面损伤修复前的准备操作方法及说明　　　表3-6

步骤	操作方法及说明	质量标准及记录
将门板安装在专用支架上	（1）先将门板摆在支架正确位置； （2）用大力钳将其固定	□固定位置是否准确 □固定效果

2. 操作步骤

汽车车门外板平坦表面损伤修复操作方法及说明，见表3-7。

汽车车门外板平坦表面损伤修复操作方法及说明　　　表3-7

步骤	操作方法及说明	质量标准及记录
1.对损伤进行评估	（1）目视法进行大概评估； （2）触摸法准确判断损伤范围，确定维修方法。这里属于平面凹陷损伤，且有撕裂，所以选择用拉拔的方式进行处理，裂开部位用气体保护焊进行焊接	□评估方法选用 □评估结果
2.打磨	对损伤区域进行打磨，除去漆面，打磨边线与损伤部位距离30～50mm，同时边角处打磨出来一个搭接口	□画线形状与大小 □衔接处打磨效果 □打磨整体效果
3.拉拔	使用外形修复机接上重锤对损伤部位进行单点拉拔，从外到内慢慢将凹陷板面拉出来	□使用工具准确 □外形修复机参数调整正确 □拉拔方法 □拉拔效果

项目三　汽车车身部件损伤修复

续上表

步骤	操作方法及说明	质量标准及记录
4. 打磨	对表面的拉拔点进行打磨	□打磨效果
5. 焊接	首先进行试焊，调整焊机参数，检查焊接效果。 使用气体保护焊机对裂开部位进行焊接处理。门板外板厚度比较薄，可以选择使用连续点焊的焊接方式	□防护工具正确 □焊机参数调整 □焊接质量
6. 打磨焊条	先用砂带机对焊条进行打磨，然后再用吸尘式打磨机对表面打磨光滑	□打磨效果
7. 调整板面	用外形修复机调整板面高度，如果表面过高，可以进行收火处理。每一次拉拔和收火后都应进行打磨以及清洁	□打磨清洁正确 □收火方法正确
8. 完工检查	用卡尺进行板面测量，有问题则需要重复步骤7操作流程，直至没有问题	□板面质量
9. 完工整理	车辆、工具、设备场地整理和复位	□按5S要求整理

任务评价

汽车车门外板平坦表面损伤修复考核评分记录见表3-8。

汽车车门外板平坦表面损伤修复考核评分记录表　　表3-8

类别	序号	项目	考核内容及要求	配分	评分标准(各项配分扣完为止)	得分
专业知识(10分)	1	车门外板平坦表面损伤修复	收火原理	5	能回答问题,但回答不完整,按比例扣分;不能回答,扣5分	
			气体保护焊防护工具	5	能回答问题,但回答不完整,按比例扣分;不能回答,扣5分	
操作技能(90分)	1	劳保用品穿戴	劳保用品穿戴齐全	5	穿戴不全,不得分	
	2	正确选用工具、设备、材料	选用工具、设备、材料齐全准确	5	缺一件,扣1分;选错一件,扣1分	
	3	准备	准备工作齐全	5	准备不充分,一次扣2.5分	
	4	打磨	画线范围,打磨质量	10	范围错误,扣5分;打磨衔接不好或者有地方没打磨,扣5分	
	5	拉拔	拉拔操作与方法	10	拉拔操作或者方法错误,一个扣5分	
	6	焊接	焊机参数调整,焊接质量	20	参数调整不正确,扣5分;根据焊接质量扣0~15分	
	7	调整板面	维修台门板质量	20	根据门板质量扣0~20分,高点一个6分,低点一个4分,扣完为止	
	8	操作规程	操作规程执行情况	10	违反操作规程,不得分;中途掉一次工具,扣1分	
	9	清理现场(5S管理)	清理、擦洗并回收工具和设备	5	少收一件工具、设备,扣1分	
		分数总计		100	最终得分	

考核员签字:_____　　　　　　　　　　　日期:_____年___月___日

任务3　汽车保险杠损伤修复(五级)

▶ 建议学时:4学时

一、知识要求

1.熟悉塑料件类型。

2. 掌握焊接、粘接塑料件方法。
3. 掌握塑料件焊接操作规范、维护及安全事项。

二、技能要求

1. 能正确穿戴劳动保护用品。
2. 能使用塑料件维修工具修复保险杠损伤。

任务准备

一、塑料件分类与维修

根据其特性，可将塑料分为热固性塑料件和热塑性塑料件两大类。

（1）热塑性塑料件。热塑性塑料可通过加热使其软化，冷却后又可硬化成型，且不改变化学结构，可以被反复地变软和重塑形状。这类塑料件损坏后可通过黏结和焊接的办法进行修理。

（2）热固性塑料件。热固性塑料件在受热初期具有一定的可塑性，但随着继续加热，塑料中的树脂与催化剂反应生成新的成分而硬化。硬化后再加热，将不再软化。这类塑料件损坏后不能用焊接方式修理，主要通过黏结法修理。

由于大多数的汽车车身塑料都具有良好的弹性和柔性，所以受到冲击、挤压等机械损伤时，往往以弯曲、扭曲或弯扭变形共存的综合变形出现，可采用热校正的方法使变形得到恢复。

当车身塑料件的变形与断裂并存时，应先进行热校正，然后再按前述方法黏合断裂。先将发生整个变形的塑料件置于50℃的烘箱内加热30min，然后用手将变形恢复原状。局部小范围变形时，可用热风枪等对变形部位进行加热。由于热风枪存在加热不均匀的缺点，容易造成局部过热烧坏塑料件，操作时最好在变形部位的背面烤，当塑料稍一变软就立刻进行按压、校正。

二、汽车保险杠损伤修复工具、设备和材料

汽车保险杠损伤修复需要用到的普通工具有皮手套、水口钳、清洁布等，如图3-5所示。

图3-5 水口钳、皮手套

专用的工具设备包括热风枪、气动转、多功能保险杠修复机等,见表3-9。

汽车保险杠损伤修复专用工具　　表3-9

序号	名称	图片	功能
1	热风枪		除旧漆;弯曲塑胶管;热收缩包装膜、管;剥除塑胶;除霜及清除油泥杂垢;汽车玻璃贴膜
2	小型抛光机		主要用于小面积的研磨处理,它能有效打磨物件表面和旧漆面等,具有轻便、灵敏、作业效果好等特色
3	多功能保险杠修复机		可用于不同位置的修补,可对汽车保险杠及其他塑料件修补及胶边切割铲平
4	吹风枪		清除尘埃、粉末、屑末及水分,最适用于空气清洗、冷却以及干燥
5	调温式小熨斗		用来烫平板件。板件受损时候经常出现起皱摺、扭曲、缩水等的现象,此时用熨斗反复在板件水平移动,板件就会变得硬挺、整齐、平顺
6	气动冲击钻		气动冲击钻是轻便灵巧的小型气动工具,具有单纯冲击、单纯顺时针旋转以及既冲击又旋转的复合功能

续上表

序号	名称	图 片	功 能
7	2寸起动打磨机		可以去除成品的毛刺;对成品专面进行锈蚀处理;对成品表面进行抛光处理;对成品进行净化处理;去除钙化薄膜
8	吸尘式打磨机		打磨机是一种借助电化空气压缩来提供动能驱动力,牵动砂纸等打磨设备,进而对产品工件实现打磨,达到产品工件表面层光滑细腻或整齐的设备

任务实施

一、实训资源

(1)实训场地:车身修复实训室。
(2)实训材料:有损伤的车身塑料件(前后保险杠等)。
(3)工具耗材与设备:塑料修复工具设备套装、塑料焊条、研磨工具、清洁工具等。

二、安全注意事项

操作人员应穿着工作服和工作鞋、戴工作帽,必要时佩戴护目镜、耳塞和口罩,做好个人防护。

三、操作过程

1. 准备工作

汽车保险杠损伤(撕裂、穿孔)修复前的准备操作方法及说明见表3-10。

汽车保险杠损伤(撕裂、穿孔)修复前的准备操作方法及说明 表3-10

步骤	操作方法及说明	质量标准及记录
1.拆下损伤塑料保险杠	按照项目二任务1标准进行 	□专用工具和通用工具是否使用正确 □是否有工具掉落 □拆装顺序是否符合标准

续上表

步骤	操作方法及说明	质量标准及记录
2.将保险杠安装在专用支架上	(1)先将塑料保险杠摆在支架正确位置； (2)查看塑料件类型。可以查看塑料件上的ISO识别码，并与说明书或维修手册的字符进行对照，以确定塑料的种类。ISO识别码一般模压在塑料件的背面。也可以修理手册查询法，可查阅该车型的车身修理手册	□固定位置是否准确 □固定效果 □查询结果

2．操作步骤

汽车保险杠损伤修复具体操作方法及说明见表3-11。

汽车保险杠损伤修复具体操作方法及说明　　　　表3-11

步骤	操作方法及说明	质量标准及记录
1.初步整平塑料保险杠	(1)首先对损伤的情况进行评估，察看损伤程度以及范围； (2)用热风枪对损伤的部位表面和背面加热，使其受热软化，然后用调温式小熨斗(使用热风枪加热后可不通电)对其进行整平	□工具使用 □整平效果
2.钻止裂孔	(1)查看保险杠损伤部位的裂开口，用3mm钻头对边缘部位钻止裂孔，防止进一步裂开； (2)下图中需要在两个端口以及交叉处分别钻止裂孔	□打孔位置 □打孔数量
3.背面植钉	(1)在损伤部位背面用多功能保险杠修复机进行植钉； (2)用水口钳剪去植入钉子的针脚	□植钉深度 □植钉数量

续上表

步骤	操作方法及说明	质量标准及记录
4. 表面开槽	用小型抛光机对损伤表面开 V 形槽(也可以选择开 X 形槽,背面不植钉,进行双面焊接),槽宽以及槽深根据损伤以及选用塑料焊条种类有关,比如果选用双股焊条,槽宽和槽深应该稍微小一些与之相匹配	□槽宽槽深准确 □焊条选用准确
5. 打磨损伤区域	用吸尘式打磨机对表面损伤区域进行打磨,打磨区域的边线与损伤距离 30~50mm	□打磨区域准确 □打磨质量
6. 表面焊接	(1)首先试焊,对塑料焊条和试焊部位预热,进行试焊,检查焊接质量(下面演示为了观察方便,我们在损伤部位旁边进行试焊,实际操作中应选择其他区域); (2)试焊无误之后,对损伤部位进行焊接,注意热风枪的热量应主要集中在塑料焊条上,少部分用来加热板面	□进行试焊 □焊接操作
7. 抹平以及冷却	(1)用多功能修复保险杠修复机接上抹平刀,加热熔化焊条,将未填满的坑槽填满; (2)用吹风枪对表面进行冷却	□表面无凹槽
8. 研磨	分别用小磨头和吸尘式打磨机对两面进行打磨	□研磨工具选用 □研磨效果

续上表

步骤	操作方法及说明	质量标准及记录
9.调整板面完工检查	(1)用手或者专用卡尺对表面高度以及平整度进行测量； (2)不平整的地方用热风枪稍微加热进行调整	□整体质量
10.完工整理	车辆、工具、设备场地整理和复位	□按5S要求整理

任务评价

汽车保险杠损伤修复考核评分记录见表3-12。

汽车保险杠损伤修复考核评分记录表　　　　表3-12

类别	序号	项目	考核内容及要求	配分	评分标准(各项配分扣完为止)	得分
专业知识(10分)	1	汽车保险杠损伤修复	塑料保险杠材质查询	5	能回答问题,但回答不完整,按比例扣分;不能回答,扣5分	
			塑料件焊接流程	5	能回答问题,但回答不完整,按比例扣分;不能回答,扣5分	
操作技能(90分)	1	劳保用品穿戴	劳保用品穿戴齐全	5	穿戴不全,不得分	
	2	正确选用工具、设备、材料	选用工具、设备、材料齐全准确	5	缺一件,扣1分;选错一件,扣1分	
	3	准备	准备工作齐全	5	准备不充分,一次扣2.5分	
	4	整平	画线范围,打磨质量	5	未整平,扣5分	
	5	打止裂孔	止裂空位置	5	未打止裂孔,扣5分	
	6	植钉	植钉深度数量合适	5	植钉过深或过浅,一个扣1分	
	7	开槽	槽深槽宽合适	5	未开槽,扣5分	
	8	打磨,清洁	操作规程执行情况	10	未清洁扣2分,打磨区域不正确扣3分,根据打磨效果扣0~5分	
	9	焊接	姿势正确,质量牢固没有虚焊	20	虚焊一处,扣5分,5mm为一处	
	10	抹平	没有凹槽	5	未抹平扣5分	
	11	调整板面	板面平滑没有高低点	15	板面高点一个扣6分,低点一个扣4分,扣完为止	
	12	清理现场(5S管理)	清理、擦洗并回收工具和设备	5	少收一件工具、设备,扣1分	
		分数总计		100	最终得分	

考核员签字：_____　　　　　　　　　　　　日期：_____年___月___日

任务4　汽车车门外板棱线(撕裂)损伤修复(四级)

▶ 建议学时:4学时

考核要求

一、知识要求

1. 熟悉汽车车门损伤的类型。
2. 掌握汽车车门损伤评估的方法。
3. 掌握汽车车门修复的维修方法与工艺流程。
4. 掌握汽车车门修复设备的操作规范、维护及安全事项。

二、技能要求

1. 能正确穿戴劳动保护用品。
2. 能使用整形修复设备和工具修复钢质板面棱线的损伤。

任务准备

一、汽车车门结构和设计要求

一辆汽车在倒车过程中,左前门剐蹭到墙角,导致车门棱线有约25mm长度的撕裂,如图3-6所示,现需要按照车门标准修复工艺流程进行损伤修复。

在作业前,首先了解车门的设计要求和结构等相关知识。

1. 车门结构

车门由门外板、门内板、门窗框、门玻璃导槽、门铰链、门锁及门窗附件等组成。内板装有玻璃升降器、门锁等附件。为了增强安全性,外板内侧一

图3-6　棱线撕裂的车门

般安装了防撞杆。针对承受力不同,要求外板质量轻而内板刚性要强,能够承受较大的冲击力。车门外板由0.6~0.8mm的钢板冲压成型;车门内板由1.0~1.2mm的钢板冲压成型;车门内加强横梁是一根或两根1.5mm以上的圆管。

2. 车门的设计要求

为了方便乘客上下车,车门最大开度控制在65°~70°之间,关闭时要锁止可靠,不会在行车中自行打开;开关门自如,玻璃升降轻便,要有良好的密封性能,具有大的透光面,满足侧向视野要求;要有足够的强度与刚度,提高车辆侧向碰撞安全性,防止车门下沉;要有良好的制造、装配工艺性。

二、汽车车门外板棱线（撕裂）损伤修复所需的工具、设备和耗材

1. 工具、设备

汽车车门外板棱线（撕裂）损伤修复需要用钣金修复组合工具、拆装组合工具、测量尺等工具，如图3-7所示。

图3-7 钣金修复、拆装组合套件和测量尺

专用的维修设备包括车身修复机、拉拔组合套件、单动作打磨机、双动作打磨机等，见表3-13。

车门外板棱线（撕裂）损伤修复专用的维修设备 表3-13

序号	名称	图片	功能
1	车身外形修复机		利用电极上的垫圈和钢板接触，再通过以大电流使其产生电阻热，将垫圈焊接钢板凹陷的损伤部位。车身修复机包含焊接、拉拔、缩火等板件修复功能
2	不同类型拉拔器		（1）在拉拔锤前端安装三角垫片，再将拉拔锤安装到垫圈焊接枪上，可以对小凹陷进行焊接、拉拔修复，也可以对小高点进行缩火修复作业。 （2）在拉拔锤前端安装拉钩，通过拉杆对焊接的垫圈进行拉拔，利用滑块与手柄撞击力对棱线和大凹陷部位进行拉拔修复作业
3	单作用研磨机		配合P80圆形砂纸调整好合适的转速，可以去除损伤部位的旧漆膜

续上表

序号	名称	图片	功能
4	双作用研磨机		配合 P120 圆形砂纸调整好合适的转速,可以对修复部位进行羽状边打磨
5	气体保护焊机		(1)以 CO_2 气体作保护气体,依靠焊丝与焊件之间的电弧来熔化金属的气体保护焊的方法。 (2)焊穿透力强,熔深大且焊丝熔化率高,所以熔敷速度快。 (3)适用范围广,不论何种位置都可以进行焊接,可焊 0.6mm 薄板和 3~4 层 1.2mm 的厚板,而且焊接速度快、变形量小
6	带式打磨机		安装好砂带,打磨单动打磨机不能去除的拉拔点和缩火点的残留物

2. 耗材

汽车车门外板棱线(撕裂)损伤修复需要用到较多的消耗类用品。常见的有拉拔用的焊接垫圈、打磨用的砂纸和砂带、缩火用的炭棒等消耗用品,见表3-14。

汽车车门外板棱线(撕裂)损伤修复需要用的消耗类用品   表3-14

序号	名称	图片	使用方法
1	焊接垫圈 (10号)		通过焊接枪头调整好焊接电流和时间,将垫圈焊接到需要拉拔的损伤上
2	单作用研磨砂纸 (P60 或 P80)		配合单作用研磨机,去除损伤部位的旧漆膜

续上表

序号	名称	图片	使用方法
3	双作用研磨砂纸（P120）		配合双作用研磨机，制作修复部位的羽状边
4	带式砂纸（10mm×330mm）		配合带式打磨机，清除垫圈拆卸后以及缩火遗留的残留物
5	缩火炭棒（8mm×355mm）		通过产生电阻热，对钢板修复部位进行加温，利用热胀冷缩的原理消除钢板的应力集中

任务实施

一、实训资源

(1) 实训场地：汽车车身修复实训场。
(2) 实训车辆：车门棱线（撕裂）损伤的轿车 1 辆。
(3) 工具耗材与设备：车身修复机、单动作打磨机、双动作打磨机个各 1 套，车身修复耗材 1 批。

二、安全注意事项

(1) 操作人员应穿着工作服和工作鞋、戴工作帽，佩戴好护目镜、耳塞和口罩，做好个人防护。
(2) 使用电动设备，应严格按照其额定电压、频率提供电源。
(3) 打磨作业时做好车门玻璃的保护。

三、操作过程

1. 准备工作

车门外板棱线(撕裂)损伤修复的安全防护操作方法及说明见表3-15。

车门外板棱线(撕裂)损伤修复的安全防护操作方法及说明　　　表3-15

步骤	操作方法及说明	质量标准及记录
1.工作服	在门板修复、打磨、焊接作业时,能够保护身体。应具备抗油、防静电、耐磨等功能特点	□应是长袖、耐磨、宽松 □应是透气性、吸汗性能好 □应是无金属装饰 □能防灰尘和油污
2.工作帽	在门板修复、打磨、焊接作业时,能够保护头部	□应是防碰撞鸭舌帽 □应是两侧或后部能透气 □能防灰尘和油污
3.护目镜	在对门板进行去除旧漆膜、焊接垫圈、打磨等修复作业时,保护眼睛不受灰尘和各种飞溅物的伤害,应是聚碳酸酯(PC)材料注塑,轻便不易碎	□应是透光度好 □应是佩戴舒适 □能有效防止高速粒子冲击
4.工作鞋	穿带有金属头的安全鞋可以保护脚不受坠落物品的砸和挤压,鞋面应是阻燃材料,能够防油污、防静电。脚趾部分由金属覆盖,鞋底由厚的胶皮构成,能够防滑	□应有金属头保护 □应是阻燃材料 □能防滑、防油污、防静电

续上表

步骤	操作方法及说明	质量标准及记录
5. 焊接服	在焊接时作业时,能够保护保护人体不被焊接飞溅烫伤、灼伤;采用二层反绒皮材质,后背搭扣设计,不易开扣;能够防烫、隔热、阻燃、防火、防飞溅、耐高温、耐磨	□应是反绒皮材质 □应是后背搭扣设计 □能防烫、隔热、阻燃 □能防飞溅、耐高温、耐磨
6. 焊接面罩	在焊接作业时,能够保护眼睛,避免被电弧产生的紫外线和红外线辐射和焊接强光对眼睛造成的伤害;有效防止作业出现的飞溅物和有害体等对脸部造成侵害,减少皮肤灼伤症的发生;有光度调节、有光度响应和延时时间功能	□应有光度调节功能 □应有光度响应和延时时间功能 □能防紫外线和红外线辐射 □能防飞溅物和有害体的冲击
7. 焊接手套	在焊接时作业时,能够保护手和手腕部位;采用牛皮制造,加长护腕;能够防火抗热、防滑耐磨、透气吸汗、柔软舒适、穿戴美观	□应是牛皮制造 □应是加长护腕 □能防火抗热、防滑耐磨
8. 焊接护腿	在焊接时作业时,能够保护保护腿部和脚部不被焊接飞溅烫伤、灼伤;采用优质牛皮,能够防火抗热、防滑耐磨,底部加固设计,穿戴不易脱落	□应是牛皮制造 □应是底部加固设计,穿戴不易脱落 □能防火抗热、防滑耐磨

2. 操作步骤

车门外板棱线(撕裂)损伤修复损操作方法及说明见表3-16。

车门外板棱线(撕裂)损伤修复操作方法及说明 表3-16

步骤	操作方法及说明	质量标准及记录
1. 清洁	(1)穿戴好清洁作业的劳动保护用品。 (2)除尘。用空气枪由上至下对车门外板进行除尘处理。 (3)除油。将除油剂喷在擦拭纸上,用一湿一干擦拭纸沿一个方向对门板进行清洁	□应了解劳动保护用品的要求 □应了解除尘、除油的方法 □能按照标准的工艺要求进行除尘、除油
2. 损伤评估	(1)目视法。通过多角度、大范围观察钢板表面,再根据反射光线的扭曲程度来判断直接损伤和间接损伤的大致程度及范围。 (2)触摸法。佩戴好手套,用手掌从未受损伤门板表面开始到损伤部位再到未受损伤门板表面进行米字形状的触摸,检查门板表面的凹陷和凸起,确定应力集中区域,再通过手指按压检查门板的未损和损伤部位来确定门板的强度变化。 (3)测量法。利用门板专用尺或直尺从未损伤位置开始测量,慢慢往下移动专用尺或直尺,通过查看门板专用尺或直尺与门板之间的间隙,判断受损与未受损区域间隙间的差异	□会利用灯光或阳光的光度查看损伤情况 □能够确定直接损伤和间接损伤的大致程度及范围 □会米字形状进行触摸 □能正确判断应力集中区域 □能真正确判断未损伤和损伤部位的强度变化 □会正确使用专用尺或直尺 □会正确确定损伤周围凸起的应力集中点位置
3. 附件拆卸	(1)拆卸左前门内饰板。 (2)拆卸左前门倒车镜。 (3)拆卸左前门外压条。 (4)拆卸左前门外拉手。	□会正确选择拆卸工具 □会安全摆放拆卸附件 □能按照标准工艺流程进行附件拆卸
4. 玻璃遮蔽	用防火布或防火毯对前风窗玻璃、左前门玻璃、左后门玻璃进行遮蔽	□应了解防火布或防火毯的作用 □能正确使用防火布或防火毯
5. 去除旧漆膜	(1)穿戴好去除旧漆膜劳动保护用品。 (2)将P80砂纸安装到单作用打磨机上。 (3)调整单作用打磨机的转速。 (4)将单动作打磨机呈10°~30°的角度放到门板的损伤位置再开机打磨。 (5)去除椭圆状修复区域内的旧漆膜形,成初始羽状边	□应了解去除旧漆膜的劳动保护要求 □应了解去除旧漆膜的工艺流程 □应了解去除旧漆膜的质量标准 □能正确选择去除旧漆膜的砂纸型号 □会正确使用单作用打磨机

续上表

步骤	操作方法及说明	质量标准及记录
6.修复作业	(1)焊接垫圈： ①在试焊板上调试焊接电流和焊接时间； ②用直尺对准车门棱线损伤的前端和后端，用划针划一条连线，以保证焊接的垫圈能在一条线上； ③将焊接枪垂直于门板，在损伤的中间位置开始向两边焊接垫圈，垫圈之间相隔8~10mm，基本在一条线上。 (2)拉拔作业： ①用一根钢棒将垫圈连接起来； ②将拉拔锤与门板呈90°的角度，利用拉拔锤的滑块和手柄产生的撞击力拉出凹陷； ③在拉拔过程中要边拉拔边用钣金锤敲击应力集中的位置来释放应力； ④在拉拔过程中要边拉拔边用尺测量，检查修复的效果，将撕裂两边修复平整。	□应了解门板修复的标准工艺流程 □应会正确调整车身修复机的相关参数 □能正确操作拉拔的角度、力度 □能正确操作垫圈焊接的角度、间距 □应会正确使用车身修复机

续上表

步骤	操作方法及说明	质量标准及记录
6. 修复作业	(3) 缩火作业： ①在试焊板上调试缩火电流和缩火时间； ②用直尺查找门板上的小高点； ③将炭棒对准小高点轻轻按压进行缩火作业； ④用手指按压修复位置查找因延展导致刚性降低的点； ⑤用炭棒对刚性降低的点以20mm直径划螺旋状的圆圈进行缩火作业； 20mm(0.79in) ⑥再次确认撕裂部位两边已修复平整	□能正确拆卸垫圈 □能以正确的方法判断高点和刚度降低的点
7. 焊接	(1) 穿戴好焊接劳动保护用品； (2) 调整好气体流量； (3) 在试焊板上调试焊接的焊接电流、焊接时间和送丝速度； (4) 先对撕裂的中间位置进行定位焊接，然后以连续点焊的方式焊接好左边的撕裂位置，最后焊接右边的撕裂位置。为了减少变形，每次焊接后都需用空气枪对焊接位置进行降温处理； (5) 用带式打磨机打磨焊道	□应了解气体保护焊的劳动保护要求 □应了解气体保护焊的操作流程 □应了解气体保护焊的工艺标准 □应了解气体保护焊的焊接质量要求 □能正确调节焊接气体流量和各种参数 □能熟练进行焊接作业 □会正确使用带式打磨机

续上表

步骤	操作方法及说明	质量标准及记录
8. 精修复	(1) 对不平整的棱线进行单点拉拔和缩火作业; (2) 对不平整的平面进行单点拉拔和缩火作业; (3) 用直尺测量修复的棱线和平面位置均低于原表面 1~2mm; (4) 用单作用打磨机去除拉拔的残留物和缩火的黑点; (5) 用带式打磨机去除单作用打磨机无法去除的残留物和缩火的黑点	□ 应了解棱线精修复的工艺流程 □ 应了解平面精修复的工艺流程 □ 应了解棱线精修复的质量标准 □ 应了解平面精修复的质量标准 □ 会用直尺检查棱线修复效果 □ 会用直尺检查平面修复效果
9. 打磨羽状边	(1) 将P120砂纸安装到双作用打磨机上; (2) 调整双作用打磨机的转速; (3) 将双动作打磨机呈10°左右的角度放到门板的损伤位置再开机打磨; (4) 沿着初始羽状边作圆形运动进行打磨,边打磨边检查,直到每层漆面之间大于10mm的间距,从裸金属到打磨最边缘要达到30~50mm,漆膜间过渡平滑	□ 应了解正确打磨羽状边的工艺流程 □ 应了解正确打磨羽状边的质量标准 □ 能正确选择打磨羽状边的砂纸型号 □ 能正确使用双作用打磨机
10. 防腐处理	用锌喷剂从车门的内侧对修复部位的背面进行防腐处理	□ 应会正确使用防腐剂 □ 能按照标准的防腐要求进行防腐作业

任务评价

汽车车门外板棱线(撕裂)损伤修复考核评分记录见表3-17。

汽车车门外板棱线(撕裂)损伤修复考核评分记录表　　表3-17

类别	序号	项目	考核内容及要求	配分	评分标准(各项配分扣完为止)	得分
专业知识 (20分)	1	损伤评估的方法	正确描述三种评估方法	5	能回答问题,但回答不完整,按比例扣分;不能回答,扣3分	
			正确描述直接损伤和间接损伤的关系以及区别	5	能回答问题,但回答不完整,按比例扣分;不能回答,扣3分	
	2	修复设备工具	正确描述垫圈焊接的作用	5	能回答问题,但回答不完整,按比例扣分;不能回答,扣3分	
			正确描述气体保护焊机的作用	5	能回答问题,但回答不完整,按比例扣分;不能回答,扣3分	

续上表

类别	序号	项目	考核内容及要求	配分	评分标准(各项配分扣完为止)	得分
操作技能(80分)	1	劳保用品穿戴	劳保用品穿戴齐全	3	穿戴不全,不得分	
	2	正确选用工具、设备、材料	选用工具、设备、材料齐全准确	3	缺一件,扣1分;选错一件,扣1分	
	3	准备	准备工作齐全	3	准备不充分,一次扣2.5分	
	4	门板清洁	除尘、除油	3	方法错误,扣3分;未完成,扣3分	
		拆卸、遮蔽	拆卸车门附件	3	方法错误,扣3分;未完成,扣3分	
		去除旧漆膜	打磨初始羽状边	3	边缘不平整大于10mm算一处,扣1分;未完成,扣3分	
		修复作业	损伤修复	32	高点一处,扣3分;有孔洞,一处扣3分;棱线弯曲,一处扣3分;低点≥3mm为一处,扣2分	
		打磨羽状边	修复后的羽状边打磨	5	边缘不平整大于10mm算一处,扣1分;未完成,扣5分	
		防腐处理	车门内侧防腐处理	5	未做,扣5分	
	5	正确使用工具、设备、材料	工具、设备使用正确	5	一种工具、设备、材料使用不正确,扣2分	
					损坏、丢失一件工具,不得分	
	6	操作规程	操作规程执行情况	10	违反操作规程,不得分	
	7	清理现场(5S管理)	清理、擦洗并回收工具和设备	5	少收一件工具、设备,扣1分	
		分数总计		100	最终得分	

考核员签字:_____   日期:_____年___月___日

任务5 汽车发动机舱盖板棱线(穿孔)损伤修复(四级)

▶ 建议学时:4学时

考核要求

一、知识要求

1. 熟悉汽车发动机舱盖板损伤的类型。
2. 熟悉汽车发动机舱盖板棱线损伤评估的方法。
3. 掌握汽车发动机舱盖板棱线修复的维修方法与工艺流程。

4.掌握汽车发动机舱盖板棱线修复设备的操作规范、维护及安全事项。

二、技能要求

1.能正确穿戴劳动保护用品。
2.能使用整形修复设备和工具修复钢质板面棱线的损伤。

一、汽车发动机舱盖板结构与设计要求

一辆汽车在停放过程中,发动机舱盖板棱线部位被高空坠物砸出一个接近10mm的孔洞,如图3-8所示。现需要按照发动机舱盖板标准修复工艺流程进行修复作业。

在作业前,首先了解汽车发动机舱盖板的结构和作用等相关知识。

1.汽车发动机舱盖板结构

发动机舱盖板由门外板、门内板组成,外板由0.6~0.8mm的钢板冲压成型,内板由1.0~1.2mm的钢板冲压成型;中间夹以隔热材料,内板起到增强刚性的作用,基本上是骨架形式。

图3-8 有孔洞的发动机舱盖板

2.汽车发动机舱盖板的设计要求

发动机舱盖板能起到扰流的作用,同时还可以起到美化发动机舱的作用;主要设计要求是隔热隔音、自身质量轻、刚性强。发动机舱盖开启时一般是向后翻转,也有小部分是向前翻转。向后翻转的发动机舱盖打开至预定角度,不应与前风窗玻璃接触,应有一个约为10mm的最小间距。为防止在行驶中由于振动自行开启,发动机舱盖前端有保险锁钩锁止装置。

二、汽车发动机舱盖板棱线(穿孔)损伤修复所需的工具、设备和耗材

1.工具、设备

汽车发动机舱盖板棱线(穿孔)损伤修复需要用钣金修复组合工具、拆装组合工具、测量尺等工具,如图3-9所示。

  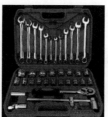

图3-9 钣金修复组合套件、测量尺

汽车发动机舱盖板棱线(穿孔)损伤修复专用的维修设备包括车身修复机、拉拔组合套件、单动作打磨机、双动作打磨机等，见表3-18。

汽车发动机舱盖板棱线(穿孔)损伤修复专用的维修设备　　　　表3-18

序号	名称	图片	功能
1	车身外形修复机		利用电极上的垫圈和钢板接触，再通过以大电流使其产生电阻热，将垫圈焊接钢板凹陷的损伤部位。车身修复机包含焊接、拉拔、缩火等板件修复功能
2	不同类型拉拔器		(1)在拉拔锤前端安装三角垫片，再将拉拔锤安装到垫圈焊接枪上，可以对小凹陷进行焊接、拉拔修复，也可以对小高点进行缩火修复作业； (2)在拉拔锤前端安装拉钩，通过拉杆对焊接的垫圈进行拉拔，利用滑块与手柄撞击力对棱线和大凹陷部位进行拉拔修复作业
3	单作用研磨机		配合P80圆形砂纸调整好合适的转速可以对损伤部位进行去除旧漆膜
4	双作用研磨机		配合P120圆形砂纸调整好合适的转速可以对修复部位进行羽状边打磨
5	气体保护焊机		(1)以CO_2气体作保护气体，依靠焊丝与焊件之间的电弧来熔化金属的气体保护焊的方法； (2)焊穿透力强，熔深大，而且焊丝熔化率高，所以熔敷速度快； (3)适用范围广不论何种位置都可以进行焊接，可焊0.6mm薄板和3～4层1.2mm的厚板，而且焊接速度快、变形量小

续上表

序号	名称	图片	功能
6	带式研磨机		安装好砂带打磨单作用研磨机不能去除的拉拔点和缩火点的残留物

2. 耗材

汽车发动机舱盖板棱线(穿孔)损伤修复需要用到较多的消耗类用品。常见的有拉拔用的焊接垫圈、打磨用的砂纸和砂带、缩火用的炭棒等消耗用品,见表3-19。

汽车发动机舱盖板棱线(穿孔)损伤修复需要用的消耗类用品 表3-19

序号	名称	图片	使用方法
1	焊接垫圈（10号）		通过焊接枪头调整好焊接电流和时间,将垫圈焊接到需要拉拔的损伤上
2	单作用研磨砂纸（P60或P80）		配合单动作打磨机去除损伤部位的旧漆膜
3	双作用研打磨砂纸（P120）		配合双动作打磨机,制作修复部位的羽状边
4	带式砂纸（10mm×330mm）		配合带式打磨机,清除垫圈拆卸后以及缩火遗留的残留物

续上表

序号	名称	图片	使用方法
5	缩火炭棒 (8mm×355mm)		通过产生电阻热,对钢板修复部位进行加温,利用热胀冷缩的原理消除钢板的应力集中

🛠 任务实施

一、实训资源

(1)培训场地:汽车车身修复实训场。
(2)实训车辆:汽车发动机舱盖板棱线(穿孔)损伤的轿车1辆。
(3)工具耗材与设备:车身外形修复机、单作用研磨机、双作用研磨机各1套,车身修复耗材1批。

二、安全注意事项

(1)操作人员应穿着工作服和工作鞋、戴工作帽,佩戴好护目镜、耳塞和口罩,做好个人防护。
(2)使用电动设备,应严格按照其额定电压、频率提供电源。
(3)拆卸汽车发动机舱盖板时,注意对两侧翼子板和前风窗玻璃的保护。

三、操作过程

1. 准备工作

汽车发动机舱盖板棱线(穿孔)损伤修复的安全防护同车门外板棱线损伤修复(表3-15)。

2. 操作步骤

汽车发动机舱盖板棱线(穿孔)损伤修复操作方法及说明见表3-20。

汽车发动机舱盖板棱线(穿孔)损伤修复操作方法及说明　　表3-20

步骤	操作方法及说明	质量标准及记录
1. 检查	(1)检查发动机舱盖板与左右翼子板的缝隙和平整度; (2)检查发动机舱盖板与左右前照灯以及中网之间的缝隙和配合度	□应了解左右翼子板的缝隙大小、平整度的要求 □应了解左右前照灯以及中网之间的缝隙大小一致、配合度的要求 □能调整左右翼子板的缝隙 □能调整左右前照灯以及中网之间的缝隙和配合度

续上表

步骤	操作方法及说明	质量标准及记录
2.拆卸	(1)对左右翼子板和风窗玻璃进行遮蔽保护； (2)拆卸发动机舱盖板	□应了解保护相邻部件的重要性 □应会选择正确的拆卸工具 □能按照保准的工艺要求拆卸
3.清洁	(1)穿戴好清洁作业时的劳动保护用品； (2)除尘：用空气枪由上至下对发动机舱盖板外板进行除尘处理； (3)除油：将除油剂喷在擦拭纸上，用一湿一干擦拭纸沿一个方向对发动机舱盖板进行清洁	□应了解除尘、除油的方法 □应了解穿戴劳动保护用品的作用 □能按照标准的工艺要求进行除尘、除油
4.损伤评估	(1)目视法。通过多角度、大范围观察发动机舱盖板表面，再根据反射光线的扭曲程度来判断直接损伤和间接损伤的大致程度及范围； (2)触摸法。佩戴好手套，用手掌从未受损伤发动机舱盖板表面开始到损伤部位再到未受损伤发动机舱盖板表面进行米字形状的触摸，检查发动机舱盖板表面的凹陷和凸起，确定应力集中区域，再通过手指按压检查发动机舱盖板的未损伤和损伤部位来确定发动机舱盖板的强度变化； (3)测量法。利用发动机舱盖板专用尺或直尺从未损伤位置开始测量，慢慢往下移动专用尺或直尺，通过查看专用尺或直尺与发动机舱盖板之间的间隙，判断受损与未受损区域间隙间的差异，在测量移动过程中特别要检查损伤凹陷周围凸起应力集中点的位置，并用笔做好标识。以损伤中心点位基准点对大于损伤变形20mm做好标识，并连接这些标识点，形成一个椭圆形状的修复区域	□会利用灯光或阳光的光度查看损伤情况 □能够确定直接损伤和间接损伤的大致程度及范围 □会米字形状进行触摸 □能正确判断应力集中区域 □能真正确判断未损伤和损伤部位的强度变化 □会正确使用专用尺或直尺 □会正确确定损伤周围凸起的应力集中点位置

续上表

步骤	操作方法及说明	质量标准及记录
5. 去除旧漆膜	(1) 穿戴好去除旧漆膜劳动保护用品； (2) 将 P80 砂纸安装到单作用打磨机上； (3) 调整单作用打磨机的转速； (4) 将单动作打磨机呈 10°~30°的角度放到门板的损伤位置再开机打磨； (5) 去除椭圆状修复区域内的旧漆膜形，成初始羽状边	□应了解去除旧漆膜的劳动保护要求 □应了解去除旧漆膜的工艺流程 □应了解去除旧漆膜的质量标准 □能正确选择去除旧漆膜的砂纸型号 □会正确使用单作用打磨机
6. 修复作业	(1) 手锤手顶铁修复： ①虚敲：将手顶铁顶住发动机舱盖板背面孔洞的位置，使用虚敲的方法用手锤敲击发动机舱盖板孔洞周围的应力集中位置，让往下弯曲的钢板慢慢恢复； ②实敲：将手顶铁顶住发动机舱盖板背面孔洞的位置，使用实敲的方法用手锤敲击发动机舱盖板孔洞周围的变形位置，把变形区域修复平整； ③平整度检测：用发动机舱盖板专用尺或直尺对修复区域的进行测量。 (2) 高点修复： 在高点位置用炭棒缩火法配合手锤敲击进行整平，直至棱线和平面低于原表面 1~2mm。 20mm(0.79in) (3) 将孔洞位置修复平整	□应了解虚敲和实敲的标准工艺流程 □应会正确调整垫圈焊接机的参数 □能正确使用炭棒炭棒进行缩火作业 □能正确拆卸垫圈 □能以正确的方法判断高点和刚度降低的点
7. 焊接	(1) 穿戴好焊接劳动保护用品； (2) 调整好气体流量； (3) 在试焊板上调试焊接的焊接电流、焊接时间和送丝速度； (4) 先对从孔洞的边周边按照圆形的方式往圆心位置进行定连续点焊焊接，每次焊接后都需用空气枪对焊位置进行降温处理； (5) 用带式打磨机打磨焊焊道	□应了解气体保护焊的劳动保护要求 □应了解气体保护焊的操作流程 □应了解气体保护焊的工艺标准 □应了解气体保护焊的焊接质量要求 □能正确调节焊接气体流量和各种参数 □能熟练进行焊接作业 □会正确使用带式打磨机

续上表

步骤	操作方法及说明	质量标准及记录
8.精修复	(1)对不平整的棱线进行单点拉拔和缩火作业； (2)对不平整的平面进行单点拉拔和缩火作业； (3)用直尺测量修复的棱线和平面位置均低于原表面1~2mm； (4)用单作用打磨机去除拉拔的残留物和缩火的黑点； (5)用带式打磨机去除单作用打磨机无法去除的残留物和缩火的黑点	□了解棱线修复工艺流程 □了解平面修复工艺流程 □了解棱线修复质量标准 □了解平面修复质量标准 □会用直尺检查棱线修复效果 □会用直尺检查平面修复效果
9.打磨羽状边	(1)将P120砂纸安装到双作用打磨机上； (2)调整双作用打磨机的转速； (3)将双动作打磨机呈10°左右的角度放到发动机舱盖板的损伤位置再开机打磨； (4)沿着初始羽状边作圆形运动进行打磨，边打磨边检查，直到每层漆面之间大于10mm的间距，从裸金属到打磨最边缘要达到30~50mm，漆膜间过渡平滑	□应了解正确打磨羽状边的工艺流程 □应了解正确打磨羽状边的质量标准 □能正确选择打磨羽状边的砂纸型号 □能正确使用双作用打磨机
10.防腐处理	用锌喷剂从发动机舱盖板的内侧对修复部位的背面进行防腐处理	□应会正确的防腐剂 □能按照标准的防腐要求进行防腐作业

任务评价

汽车发动机舱盖板棱线(穿孔)损伤修复考核评分记录见表3-21。

汽车发动机舱盖板棱线(穿孔)损伤修复考核评分记录　　表3-21

类别	序号	项目	考核内容及要求	配分	评分标准(各项配分扣完为止)	得分
专业知识(20分)	1	损伤评估的方法	正确描述三种评估方法	5	能回答问题，但回答不完整，按比例扣分；不能回答，扣3分	
			正确描述直接损伤和间接损伤的关系以及区别	5	能回答问题，但回答不完整，按比例扣分；不能回答，扣3分	
	2	修复设备工具	正确描述垫圈焊接的作用	5	能回答问题，但回答不完整，按比例扣分；不能回答，扣3分	
			正确描述气体保护焊机的作用	5	能回答问题，但回答不完整，按比例扣分；不能回答，扣3分	

续上表

类别	序号	项目	考核内容及要求	配分	评分标准(各项配分扣完为止)	得分
操作技能(80分)	1	劳保用品穿戴	劳保用品穿戴齐全	3	穿戴不全,不得分	
	2	正确选用工具、设备、材料	选用工具、设备、材料齐全准确	3	缺一件,扣1分;选错一件,扣1分	
	3	准备	准备工作齐全	3	准备不充分,一次扣2.5分	
	4	门板清洁	除尘、除油	3	方法错误,扣3分;未完成,扣3分	
		拆卸	拆卸发动机舱盖板	3	方法错误,扣3分;未完成,扣3分	
		去除旧漆膜	打磨初始羽状边	3	边缘不平整大于10mm算一处,扣1分;未完成,扣3分	
		修复作业	损伤修复	32	高点,一处扣3分;有孔洞,一处扣3分;棱线弯曲,一处扣3分;低点≥3mm为一处,扣2分;	
		打磨羽状边	修复后的羽状边打磨	5	边缘不平整大于10mm算一处,扣1分;未完成,扣5分	
		防腐处理	车门内侧防腐处理	5	未做,扣5分	
	5	正确使用工具、设备、材料	工具、设备使用正确	5	一种工具、设备、材料使用不正确,扣2分	
					损坏、丢失一件工具,不得分	
	6	操作规程	操作规程执行情况	10	违反操作规程,不得分	
	7	清理现场(5S管理)	清理、擦洗并回收工具和设备	5	少收一件工具、设备,扣1分	
		分数总计		100	最终得分	

考核员签字:_____   日期:_____年___月___日

任务6　汽车车门框架损伤校正(四级)

▶ 建议学时:5学时

一、知识要求

1. 熟悉汽车车门框架损伤校正损伤的类型。
2. 掌握汽车车门框架损伤校正损伤评估的方法。
3. 掌握汽车车门框架损伤校正的维修方法与工艺流程。
4. 掌握汽车车门框架损伤校正修复设备的操作规范、维护及安全事项。

二、技能要求

1. 能正确穿戴劳动保护用品。
2. 能使用整形修复设备和工具修复汽车门框的损伤。

一、汽车车门框架的结构与设计要求

一辆汽车在行驶过程中,由于雨后路滑与前车造成追尾事故,导致汽车左前车门框架变形,左前门下垂的现象,如图 3-10 所示,现需要按照汽车车门框架损伤校正标准修复工艺流程进行修复作业。

在作业前,首先了解汽车车门框架的结构和作用等相关知识。

图 3-10　变形的车门框架

1. 汽车车门框架的结构

车身部结构分为覆盖件、加强件和结构件三种。前翼子板、发动机舱盖等属于覆盖件。由于车门框位置是保护人员安全的重要区域,因此,车门框架由结构件和加强件共同组成。车门框架包括以下部分。

(1) A 柱：它位于发动机舱与驾驶舱之间,前风窗玻璃的左右两边。A 柱一般为 3 层钢板冲压焊接而成,最外侧钢板强度较软起到车身造型美观的作用,内侧两层为高强度钢材,起到支撑乘员舱的作用。

(2) B 柱：它位于车身中间,前排座椅靠背外侧。它的作用和结构和 A 柱相同。

(3) 底边梁：它位于前后车门门槛下方,连接着 A、B、C 柱下端,与 A、B、C 柱一起组成了乘员舱框架。

2. 汽车车门框架的设计要求

一般轿车都是承载式结构,车身的前后车架在发生碰撞事故的时候溃缩,以此保护吸收冲击力保护车内的人员。为了减小正面、侧面碰撞的损伤,车身整体结构、车身框架结构、车门结构等处采用一定的设计理念,防止因车身碰撞后的侧面变形导致对乘员的挤压伤害。

二、汽车车门框架损伤校正所需的工具、设备和耗材

1. 工具、设备

汽车车门框架损伤校正需要用钣金修复组合工具、内饰拆卸工具等工具,如图 3-11 所示。

图 3-11　钣金修复组合套件、内饰拆卸工具

专用的维修设备包括油压式组合功能千斤顶套装、二维测量尺等，见表3-22。

汽车车门框架损伤校正专用的维修设备　　　　　表3-22

序号	名称	图片	功能
1	油压式组合功能千斤顶套装		(1)适用于汽车汽车凹陷修复塑形； (2)液压油缸行程为190mm； (3)有几十种不同的接头、接杆，适合汽车不同位置溃缩变形的顶伸作业
2	二维测量尺		(1)铝合金材质，强度高、重量轻、体积小； (2)可三级伸缩测量，配备多种转换接头和国内、外多种车型数据； (3)可测量汽车的底盘、发动机舱、门框及车内部等位置的长度、宽度和对角线，精度误差小于1mm； (4)操作简单易学，一人可以独立完成
3	车身修复机		利用电极上的垫圈和钢板接触，再通过以大电流使其产生电阻热，将垫圈焊接钢板凹陷的损伤部位。车身修复机包含焊接、拉拔、缩火等板件修复功能
4	拉拔组合套件		(1)在拉拔锤前端安装三角垫片，再将拉拔锤安装到垫圈焊接枪上，可以对小凹陷进行焊接、拉拔修复，也可以对小高点进行缩火修复作业； (2)在拉拔锤前端安装拉钩，通过拉杆对焊接的垫圈进行拉拔，利用滑块与手柄撞击力对棱线和大凹陷部位进行拉拔修复作业
5	单作用研磨机		配合P80圆形砂纸调整好合适的转速，可以对损伤部位进行去除旧漆膜

续上表

序号	名称	图片	功能
6	带式打磨机		安装好砂带,打磨单动打磨机不能去除的拉拔点和缩火点的残留物
7	内腔喷涂枪		对于手无法触及的汽车结构件内部进行作业,前部为360°的喷头,可以对内部不同角度喷涂

2．耗材

汽车车门框架损伤校正需要用到较多的消耗类用品。常见的有打磨用的砂纸和砂带等消耗用品,见表3-23。

汽车车门框架损伤校正需要用的消耗类用品　　　　表3-23

序号	名　称	图　片	使用方法
1	单作用打磨砂纸（P60或P80）		配合单动作打磨机,去除损伤部位的旧漆膜
2	带式砂纸（10mm×330mm）		配合带式打磨机,清除垫圈拆卸后以及缩火遗留的残留物

一、实训资源

(1) 实训场地:汽车车身修复实训场。

(2) 实训车辆:汽车车门框架损伤的轿车1辆。

(3) 工具耗材与设备：油压式组合功能千斤顶套装、车身修复机、二维测量尺、单动作打磨机等各 1 套，车身修复耗材 1 批。

二、安全注意事项

(1) 操作人员应穿着工作服和工作鞋、戴工作帽，佩戴好护目镜、耳塞和口罩，做好个人防护。

(2) 使用电动设备，应严格按照其额定电压、频率提供电源。

(3) 汽车车门框架损伤校正修复业时，做好车辆内、外部的保护。

三、操作过程

1. 准备工作

汽车车门框架损伤校正的安全防护操作方法及说明见表 3-24。

汽车车门框架损伤校正的安全防护操作方法及说明　　　　表 3-24

步骤	操作方法及说明	质量标准及记录
1. 工作服	在门框校正修复、打磨、焊接作业时，能够保护身体；应具备抗油、防静电、耐磨等功能特点	□应是长袖、耐磨、宽松 □应是透气性、吸汗性能好 □应是无金属装饰 □能防灰尘和油污
2. 工作帽	在门板修复、打磨、焊接作业时，能够保护头部	□应是防碰撞鸭舌帽 □应是两侧或后部能透气 □能防灰尘和油污
3. 护目镜	在对门板进行去除旧漆膜、焊接垫圈、打磨等修复作业时，保护眼睛不受灰尘和各种飞溅物的伤害；应是聚碳酸酯(PC)材料注塑，轻便不易碎	□应是透光度好 □应是佩戴舒适 □能有效防止高速粒子冲击

续上表

步骤	操作方法及说明	质量标准及记录
4. 工作鞋	穿带有金属头的安全鞋可以保护脚不受坠落物品的砸和挤压，鞋面应是阻燃材料，能够防油污、防静电。脚趾部分由金属覆盖，鞋底由厚的胶皮构成，能够防滑。	□应有金属头保护 □应是阻燃材料 □能防滑、防油污、防静电

2. 操作步骤

汽车车门框架损伤校正操作方法及说明见表3-25。

汽车车门框架损伤校正操作方法及说明　　　　　　表3-25

步骤	操作方法及说明	质量标准及记录
1. 检查	(1) 穿戴好劳动保护用品。 (2) 损伤评估： ①通过观察找到撞击产生的直接和间接损伤； ②根据撞击力寻找力的传递方向； ③根据检查左前翼子板、右后门与左前门之间的缝隙判断车门下垂的程度。 (3) 根据维修手册，用二维测量尺测量左前门门框数据，找出数据差值	□应了劳动保护的要求 □应了解撞击力的传递方向 □应了直接损伤和间接损伤之间的关系 □能正确使用二维测量尺进行测量 □能确定直接损伤和间接损伤的位置 □能判断车门框损伤的程度

续上表

步骤	操作方法及说明	质量标准及记录
2.拆卸	(1)拆卸左前座椅； (2)拆卸A、B柱内饰板； (3)拆卸左前门踏板饰板； (4)拆卸左前门框密封条； (5)拆卸左前门锁栓	□应会选择正确的拆卸工具 □能按照标准的工艺要求拆卸车辆内饰
3.遮蔽	(1)用防火布遮蔽好仪表台； (2)用防火布遮蔽好右前座椅和后排座椅； (3)用防火布遮蔽好需要作业的地板部分	□应了解防火布的作用 □能按照标准的工艺要求遮蔽作业
4.修复作业	(1)根据门框的距离，安装油压式组合功能千斤顶的接杆； (2)将油压式组合功能千斤顶的需要顶撑的位置进行作业； (3)慢慢加压千斤顶，查看顶杆顶出10mm左右停止顶撑； 用动力杆推压 (4)用二维测量尺进行测量，边顶撑边测量边用钣金锤对A柱应力集中的变形位置进行敲击来释放应力； 前立柱加强板	□应了解油压式组合功能千斤顶的作用 □应了解油压式组合功能千斤顶的安全使用注意事项 □能正确操作油压式组合功能千斤顶 □能按照标准工艺流程进行门框校正作业

续上表

步骤	操作方法及说明	质量标准及记录
4.修复作业	（5）通过多次顶撑、测量和应力释放作业，直至门框的数据达到手册要求的标准数据为止； （6）检查、调整： ①关闭车门，查看左前门和右后门与左前门之间的间隙（如果有差别可以通过铰链螺栓进行调整）； ②安装锁栓； ③安装门框密封条，开关门检查是否顺畅（如果不顺畅可以通过铰链螺栓和锁栓进行调整）； ④用一张A4纸张来检查车门关门后的密封情况（如果有紧或松的情况，可以通过铰链螺栓和锁栓进行调整）。 （7）损伤修复作业： ①拆卸门框密封条； ②用单动作打磨机去除门框变形位置的旧漆膜； ③利用拉拔锤的滑块和手柄产生的撞击力拉出凹陷； ④在拉拔过程中要边拉拔边用钣金锤敲击应力集中的位置来释放应力； ⑤检查凹陷复位位置的平整度；	□能分析汽车相邻部件配合差产生的原因 □应了解汽车零部件之间配合的重要性 □能按照标准工艺流程进行门框密封性能的检查 □能按照调整标准工艺流程进行车门调整作业

续上表

步骤	操作方法及说明	质量标准及记录
4.修复作业	⑥将炭棒对准小高点轻轻按压进行缩火作业； ⑦再次确认凹陷部位周围已修复平整； ⑧用带式打磨机去除拉拔遗留物和黑点	
5.防腐处理	用锌喷剂从A、B柱的内侧对修复部位的背面进行防腐处理	□应会正确的防腐剂 □能按照标准的防腐要求进行防腐作业

任务评价

汽车车门框架损伤校正考核评分记录见表3-26。

汽车车门框架损伤校正考核评分记录表　　　　　表3-26

类别	序号	项目	考核内容及要求	配分	评分标准(各项配分扣完为止)	得分
专业知识(20分)	1	损伤评估的方法	正确描述力的传递方向	5	能回答问题，但回答不完整，按比例扣分；不能回答，扣3分	
			正确描述直接损伤和间接损伤的关系以及区别	5	能回答问题，但回答不完整，按比例扣分；不能回答，扣3分	
	2	修复设备工具	正确描述油压式组合千斤顶的作用	5	能回答问题，但回答不完整，按比例扣分；不能回答，扣3分	
			正确描述二维测量尺的作用	5	能回答问题，但回答不完整，按比例扣分；不能回答，扣3分	
操作技能(80分)	1	劳保用品穿戴	劳保用品穿戴齐全	3	穿戴不全，不得分	
	2	正确选用工具、设备、材料	选用工具、设备、材料齐全准确	3	缺一件，扣1分；选错一件，扣1分	
	3	准备	准备工作齐全	3	准备不充分，一次扣3分	

续上表

类别	序号	项目	考核内容及要求	配分	评分标准(各项配分扣完为止)	得分
操作技能(80分)	4	调整	车门缝隙调整	5	方法错误,扣5分	
		拆卸、遮蔽	拆卸、遮蔽内饰	5	方法错误,扣5分;未完成,扣5分	
		去除旧漆膜	A、B柱凹陷区域的打磨	4	打磨不干净或不彻底,一处扣1分	
		修复作业	损伤修复	32	开关门部顺畅,扣10分;与前翼子板缝隙不一致,扣10分;与后门缝隙不一致,扣10分;密封不严密,扣10分	
		防腐处理	内侧防腐处理	5	未做防腐处理,扣5分	
	5	正确使用工具、设备、材料	工具、设备使用正确	5	一种工具、设备、材料使用不正确,扣2分	
					损坏、丢失一件工具,不得分	
	6	操作规程	操作规程执行情况	10	违反操作规程,不得分	
	7	清理现场(5S管理)	清理、擦洗并回收工具和设备	5	少收一件工具、设备,扣1分	
		分数总计		100	最终得分	

考核员签字:_____ 日期:_____年___月___日

任务7　汽车前纵梁损伤校正与切割更换(三级)

▶ 建议学时:8学时

考核要求

一、知识要求

1. 掌握车身校正台操作规程。
2. 掌握钢质结构件焊接知识。
3. 掌握电阻点焊操作规程。
4. 掌握配装更换件工艺。
5. 掌握消除应力的方法。
6. 熟悉设备操作规范、维护及安全事项。

二、技能要求

1. 能使用车身校正设备校正受损车身。
2. 能进行钢质结构件的插入物对接焊、平错对接焊。
3. 能使用校正台进行更换件的配装。
4. 能使用锤击、适量加热的方法消除应力。

> 任务准备

汽车前纵梁损伤可进行校正恢复时,就需要通过对前纵梁进行目视检查和尺寸测量来评估损伤情况、选择工具设备,从而制订修理方法和修理程序。当汽车前纵梁受到碰撞后无法修复的情况下,则需要进行更换。更换前需要对,受损的前纵梁进行初步的校正和释放残余应力,再进行拆卸并更换新的配件。

一、车身前纵梁损伤校正和切割更换的基础知识

1. 操作车身校正台注意事项

(1)操作前,应清理平台及周边杂物,检查油气管道是否存在漏油漏气,检查塔柱滚动轮固定螺栓拧紧情况。

(2)拉伸时,塔柱固定螺钉必须拧紧,松开导向环螺栓,导向环高度不得超过警戒红线,必须装安全绳,并将夹具、链条和车身连接,严禁操作人员站在链条和夹具所在的直线上。

2. 前纵梁切割更换对应焊接技术

目前,主流汽车前纵梁切割更换以焊接方式连接为主,构件焊接后的强度基本与车身材质强度相当,同时具有省材、连接效果好、密闭性好、可承受高压和抗力矩的优点,前纵梁切割更换时需用到 CO_2 气体保护焊和电阻电焊两种焊接种类,CO_2 气体保护焊的方式有对接焊、搭接焊、塞孔焊。CO_2 气体保护焊焊接技术要求如下:

(1)焊接前,必须按规范对板件结合面进行清洁和防腐操作;

(2)对接连续焊,焊疤宽度为 5~8mm,焊疤高度为 ≤2mm;

(3)搭接焊,焊疤宽度为 5~8mm,焊缝高度为 ≤2mm;

(4)塞孔焊(8mm),焊点直径为 9~12mm,焊点高度为 ≤2mm;底板 1mm 厚的焊点背面熔透直径为 ≥8mm;底板 1.8mm 厚的焊点背面熔透直径为 ≥2mm。

3. 电阻点焊的操作注意事项

电阻点焊是通过对母材局部加压,利用大的电流流入母材产生电阻热,使母材发热而融化,同时施加压力形成的焊接接头的焊接方法。实施电阻点焊时,先检查电阻点焊机设备,调整气压,检查两个电极头中心线是否在同一直线上,电极头的端面是否符合焊接要求。焊接作业前,应拿与母材同等厚度和材质的钢片进行试焊,并根据焊接情况调整焊接电流、时间和压缩空气压力,在焊接质量符合要求的情况下,方可进行焊接作业。

4. 电阻点焊焊接质量检验标准

目测检验:焊件上不得有焊接缺陷,测量焊件的焊点直径不小于4mm,若焊点圆度误差超标、外圈不连续、出现熔敷物等缺陷,判定此焊点不合格。

破坏性试验:扭曲试验后,工件上有不小于4mm 的孔洞;撕裂试验后,工件上有不小于5mm 的孔洞。

5. 车身结构件更换

现代车身结构件都使用了高强度钢板,高强度钢板结构件受损后,是绝对不允许使用加热方法来矫正的,当结构性钣金件受碰撞后出现损坏严重且损伤范围较大、无修理价值时,则需要将这些结构性钣金件拆卸下来更换新件或切割下来更换新件。

拆卸更换新件是指,当车身受到碰撞后出现较小的结构件损坏严重无法修复时,且通过简单的焊点分离方法就能拆卸下来进行新的结构件装配焊接后,即可恢复原来品质的方法。

切割更换新件是指,当车身受到碰撞后出现较大的结构件局部损伤严重,且无法进行修复时,通过切除结构件的局部损伤之后与新的结构件进行装配焊接,从而完成切割修理的方法。结构件切割更换的连接方法有插入物对接焊、平错对接焊和搭接焊,具体见表3-27。

前纵梁更换对应的焊接方法及操作要领　　　　表3-27

序号	焊接方法	图示	操作要领
1	插入物对接焊		两段截面构件之间插入与截面形状相同的一段物体,以便连接对中、定位和加固的作用
2	平错对接焊		两段钣金件之间采用,平接错开的方式焊在一起,可保证对接的精度和焊接强度
3	搭接焊		两段钣金件之间采用,一段搭在另一段之上进行焊接,此种焊法对精度要求较低

6. 消除应力的方法

当汽车车身受到碰撞时,车身钢板会受力产生弯曲,弯角外侧一方会产生拉伸应力,而弯角内侧则会产生压缩应力。当钢板受到的弯曲力量小于钢板的弹性极限时,钢板则会因为弹力而恢复原来的形状,不会产生变形。

如果钢板受到的外力大于钢板的弹性极限,则钢板会产生塑性变形,而外力释放后,钢板会稍微地往原有的形状恢复,此时的现象则是由残留应力造成的,称之为回弹,而弯曲部位称为应力集中区,如图3-12所示。

在车辆的整形修复中,必须消除残留应力,因残留应力会对车体结构的强度、刚度、抗疲劳强度和对尺寸的精度产生影响,从而影响车辆行驶安全。

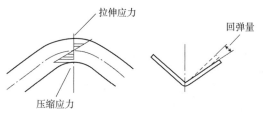

图3-12　钢板弯曲部位的应力集中区

消除应力的方法可分为冷处理法和热处理法。

(1)冷处理法应力释放。冷处理应力释放是通过以锤子敲击方式使金属晶体结构恢复到原有的状态方法,通常是在变形修复过程中使用,通过使用锤子对应力集中区产生拉伸应力的一面,进行适力敲击。

(2)热处理法应力释放。热处理应力释放是采用加热法,使变形的金属晶体结构恢复到原来状态的方法,加热温度不能过高,一般为金属熔点40%的温度,通常是在变形修复完成后,对冷处理方法不能完全消除的应力,进行的二次消除。

二、前纵梁的损伤校正和切割更换工具、设备、材料和安全用品

(1)前纵梁的损伤校正和切割更换工具见表3-28。

前纵梁的损伤校正和切割更换工具　　　　　表3-28

序号	名称	图　片	用途	特　　性
1	车身尺寸量规		测量车身和大梁尺寸	(1)可精确地测量两点之间的距离; (2)附有卷尺,可直接读测量结果; (3)指针带有配件,可用来测量孔径之间的距离
2	卷尺		测量车身和大梁尺寸	(1)可精确地测量两点之间的距离; (2)结构简单,用途广; (3)可用来测量车身尺寸图中的高度尺寸
3	钣金液压顶		校正外板和大梁	(1)可作用车身的推拉作业; (2)可作用多种拉拔工作; (3)结构简单,用途广; (4)可提升校正效率
4	安全绳		防止铁链和来具飞出	将铁链和家具连接至车身,以防止拉拔作业时飞出来造成伤害
5	刷磨机		刷除密封胶	可快速刷除密封胶和底层漆,且不会对钢板造成损伤

续上表

序号	名称	图片	用途	特性
6	气动锯		切割钢板	(1)切切割速度快； (2)不会产生火花； (3)钢板切割后不会变形
7	气动钻		去除点焊或钻孔	(1)钻孔作业时方便； (2)施工省力； (3)安全高效
8	点焊专用钻		去除点焊	(1)提升点焊去除效率； (2)保护底层板不被钻穿
9	打孔器	手动式　手动式	塞孔焊时打孔使用	(1)分气动和手动式； (2)可精确快速地打出塞焊所需的孔洞
10	大力钳		固定焊接钢板	(1)可牢固固定焊接钢板在车身上； (2)操作简单,能快速地调整钢板装配间隙
11	皮带式研磨机		研磨钢板，修整焊点，去除漆面	可适用于狭窄部位使用

(2) 前纵梁的损伤校正和切割更换工具、设备见表3-29。

前纵梁的损伤校正和切割更换工具、设备　　　表3-29

序号	名称	图片	用途	特　性
1	车身校平正台		用于车身结构整形校正	(1)操作简单,使车身校正更轻松高效; (2)可分为地板式,模具式和平台式
2	CO_2气体保护焊机		可焊接薄钢板和厚钢板	(1)焊枪重量轻,可全方位作业; (2)焊接时钢板变形量少
3	电阻点焊机		焊接薄钢板	(1)不需熟练的技巧,作业效率高; (2)焊接时钢板不变形

(3) 前纵梁的损伤校正和切割更换材料见表3-30。

前纵梁的损伤校正和切割更换材料　　　表3-30

序号	名称	图片	用途	特　性
1	点焊专用漆 (锌粉漆)		防止钢板结合面生锈	一种含锌粉的导电漆

续上表

序号	名称	图片	用途	特性
2	防锈底漆		防止焊接部位生锈	喷涂于焊接表面起防锈作用
3	内腔保护蜡		防止钢板内侧焊接部位生锈	(1)用于无法喷涂防锈部位；(2)用于箱型结构内部

（4）前纵梁的损伤校正和切割更换安全用品见表3-31。

前纵梁的损伤校正和切割更换安全用品　　　　表3-31

序号	名称	图片	用途
1	工作服		保护人体不受外界和内部的污染
2	工作帽		防止污染毛发及头部磕碰的伤害

续上表

序号	名称	图片	用途
3	焊接防护面罩		气体保护焊时保护眼睛,脸部和皮肤,以免受紫外线和焊渣伤害
4	安全眼镜		防止粉屑飞入眼睛
5	面罩		防止粉屑飞入眼睛
6	耳塞/耳罩		保护耳朵免受噪音干扰
7	棉手套		保护手部割伤或铁屑的伤害
8	皮手套		焊接或研磨时,可保护手部免受焊渣或铁屑的伤害

续上表

序号	名称	图片	用途
9	焊接护裙		焊接时保护身体,免受焊渣的伤害
10	安全鞋		保护脚趾,以免受到掉落物伤害

任务实施

一、实训资源

(1)实训场地:实训场1个。
(2)实训车辆:轿车1辆。
(3)工具耗材与设备:车身校正仪1套,车身校正辅助器材1套,钢板更换工具和防锈材料各1套,CO_2保护焊机,电阻点焊机各1台。

二、安全注意事项

(1)操作人员应穿着工作服和工作鞋、戴工作帽,必要时佩戴护目镜、耳塞和口罩,做好个人防护。
(2)使用电动设备应严格按照其额定电压、频率提供电源。
(3)气动设备应严格按照厂商提供标准参数调节气体压力。
(4)拉拔作业时,必须把安全绳将铁链夹具和车身连接,禁止操作人员站在链条和夹具所在的直线上。

三、操作过程

1. 准备工作

前纵梁损伤校正前准备工作如下。

（1）对校正设备进行全面检查，不能有隐患存在，在使用过程中，需仔细观察设备状况，如有异常，立即停止操作。

（2）检查待校正车辆与校正台固定装置的螺栓紧固情况，防止拉拔时出现意外。

2. 操作步骤

（1）汽车前纵梁损伤校正操作方法及说明见表3-32。

汽车前纵梁损伤校正操作方法及说明　　　　　　表3-32

步骤	操作方法及说明	质量标准及记录
1. 目视检查（整车车身）	在车辆校正前应对整车进行全面检查，当前纵梁受碰撞损伤时，检查所有活动部位如车门、发动机舱盖、行李舱盖、天窗玻璃，这些活动部位开关是否灵活正常，间隙是否符合技术标准，A柱、B柱、C柱和车顶是否存在碰撞力的传递产生变形	□环车目视检查 □车身活动件检查 □相邻件间隙检查 间隙值详见维修手册
2. 目视检查（前纵梁及其连接部位）	拆下发动机和底盘零部件后，检查前纵梁组件及接合连接部位，是否存在，弯曲、溃缩、开裂、错位、焊点撕裂、密封胶破损和油漆层裂缝、脱落等，并进行记录	前纵梁组件检查： □是否弯曲 □是否溃缩 □是否开裂 后检查： □是否粗错位 □焊点是否开裂 □密封胶是否破损 □油漆层是否脱落
3. 校正测量工具、调整夹具	尺寸测量前应先校正测量工具和调整车身校正平台四个固定夹具的高度，使车辆与车身校正平台平行，再进行测量底盘和发动机舱的尺寸，并进行尺寸标注	□校正测量工具 □调整固定夹具的高度
4. 损伤评估和制订修理程序	可通过手绘草图并标注测量尺寸，与生产厂家标准尺寸进行对比，算出正负差值，可更清晰的判断损伤，同时整合目视检查结果，评估损伤情形，拟定维修程序和校正方法 碰撞后的前纵梁 A点高度：−20mm B点高度：+15mm C点高度：未损伤	□手绘草图 测量尺寸： 标准尺寸： 尺寸偏差：

续上表

步骤	操作方法及说明	质量标准及记录
5.拉拔作业前的准备	拉拔作业前,观察前纵梁是否存在有影响安装夹具和拉拔时可能会产生二次损伤的配件并给予拆除,并选择合适的拉拔工具和辅助工具 当B点向下拉拔时,拉力会集中在未损伤的车身固定夹具部位,发生二次损伤 前纵梁拉拔前,在C点使用千斤顶做支撑,防止未损伤部位产生二次损伤	□拆除其他附件 □选择拉拔工具 □选择辅助工具
6.拉拔作业	拉拔作业时,对轻微移位的前纵梁,只是单点拉拔即可,对复合性损伤的前纵梁,必须实施多个方向拉拔作业,开始拉拔时应做到以下几点: (1)必须注意链条是否存在扭曲; (2)必须安装安全绳; (3)禁止人员站在链条和夹具所在直线的前后位置; (4)必须做轴向拉拔,不可实施斜角作业,以免夹具脱落; (5)视线应广及整个车身和校正平台,并注意车身钢板的恢复情况	受损前纵梁拉拔: □链条是否存在扭曲 □是否正确安装安全绳 □是否有人员站立在链条直线前后位置
7.消除残留应力	为减少残留应力对车身造成影响,在使用车身校正平台拉拔和推压的负荷状态下,必须实施消除残留应力作业,对钢板弯曲凸起的部位,钢板弯曲延伸的表面,钢板焊接部位,进行敲打释放应力,经过敲打消除残留应力后,释放拉拔推压负荷,测量校正后的尺寸,如未达标准尺寸,则进行重复拉板和应力消除,直至校正后数据达到标准尺寸	消除残留应力: □敲击钢板弯曲凸起部位 □钢板弯曲延伸表面 □钢板焊接部位
8.完工整理	车辆、工具、设备场地整理和复位	按5S要求整理: □车辆清洁 □场地清洁 □设备工具清洁、整理、复位

(2)前纵梁切割更换操作方法及说明见表3-33。

前纵梁切割更换操作方法及说明　　　　　　表3-33

步骤	操作方法及说明	质量标准及记录
1. 受损部位拆除	(1)使用旋转式刷轮去除密封胶和底漆层； (2)依照车身损伤维修手册确认焊点位置和焊点数量； (3)使用焊点专用钻，钻除所有的焊点； (4)使用气动锯切割分离需更换部位； (5)检查焊点钻除情形和切割部位，并由车身上拆下钢板	□去除密封胶和底漆层 □确认焊点位置焊点数量(　　) □钻除所有的焊点 □分离更换部位 □拆下受损钢板
2. 旧件处理	(1)使用CO_2气体保护焊填充因钻除焊点后产生的孔洞； (2)将填孔后的汗珠打磨平整； (3)研磨钻除焊点后产生锐角和毛刺； (4)对车身与新钢板的接合面和对接部位，进行修整和矫正	□前纵梁外板补焊接 □打磨焊点 □去除毛刺、锐角 □前纵梁损伤整形修复
3. 焊接接合面防腐	(1)使用钢刷刷除钢板焊接部位周围的车身密封胶及底层漆； (2)对钢板结合部位进行清洁除油； (3)在钢板焊接的结合部位，喷涂锌粉底漆	□去除密封胶 □去除底漆 □清洁除油 □喷涂锌粉底漆
4. 新件安装准备	(1)新件焊点位置确认定位； (2)使用不同的标记，标注点焊和塞孔焊的位置； (3)对新钢板上实施塞孔焊的位置打孔； (4)研磨需要实施点焊部位的漆层； (5)在新钢板的接合面喷涂点焊锌粉底漆	□新件焊点位置确认 □标记焊接位置 □焊接位置打孔 □研磨漆层 □喷涂点焊锌粉底漆

续上表

步骤	操作方法及说明	质量标准及记录
5.新件定位	(1)依照标准数据或旧零件的安装痕迹来临时固定新件,固定用的夹具位置不得妨碍尺寸测量; (2)依照标准尺寸调整新前纵梁的长、宽、高及对角线的尺寸; (3)尺寸达到标准数据后,使用点焊固定钢板	□临时固定新件 □调整前纵梁长、宽、高及对角线的尺寸 □使用点焊临时固定
6.新件焊接	(1)焊接新钢板应从强度较高的部位开始焊接; (2)必须保证钢板的接合处密闭的状态下进行焊接; (3)焊接完毕后拆下定位装夹装置,并测量尺寸	新件焊接: □是否从强度较高部位开始焊接 □焊接部位检查确认,是否补焊 □拆卸定位装置 □测量前纵梁尺寸
7.焊接部位研磨	(1)研磨填孔、对接、搭接焊焊缝; (2)电阻点焊部位不需要打磨; (3)能明显看到的部位打磨至平滑; (4)需要喷涂底层漆的部位研磨修饰即可	□填孔、对接、搭接焊焊缝研磨平整 □喷涂底层漆的部位研磨修饰
8.防腐处理	(1)作业区域清洁除油; (2)作业区域喷涂防锈底漆; (3)钢板结合部位涂抹密封胶; (4)作业区域喷涂面漆; (5)对纵梁内腔喷涂空腔保护蜡	□清洁除油 □喷涂防锈底漆 □涂抹密封胶 □喷涂面漆 □纵梁内腔喷涂空腔保护蜡
9.完工整理	车辆、工具、设备场地整理和复位	按5S要求整理: □车辆清洁 □场地清洁 □设备工具清洁、整理、复位

任务评价

汽车前纵梁损伤校正与切割更换考核评分见表3-34。

汽车前纵梁损伤校正与切割更换考核评分记录表　　表3-34

类别	序号	项目	考核内容及要求	配分	评分标准（各项配分扣完为止）	得分
专业知识（20分）	1	车身校正平台	能描述车身校正平台操作要点	5	依据考生描述校正平台操作要点的完整性扣1~4分	
	2	结构件焊接	气体保护焊和电阻点焊质量检验标准	5	能准确描述气体保护焊和电阻点焊质量检验标准，每错误一项扣1分	
	3	结构件更换对应焊接方法	不同焊接方法的操作要领	5	能准确描述车身结构件更换不同焊接方法的操作要领，依据描述是否完整扣1~4分	
	4	消除应力	前纵梁损伤校正应力消除方法	5	描述不完整，参照答案扣1~4分；描述错误，扣5分	
操作技能（80分）	1	工具设备	按照规范要求选择使用工具设备	5	工具设备选择错误，一次扣1分；工具设备违规使用，一次扣2分，扣完为止	
	2	安全防护	规范穿戴安全防护用品	5	未穿戴或穿戴安全防护用品不规范，一项扣1分	
	3	校正前准备	损伤评估与维修方案制定	10	准确评估前纵梁损伤，错误扣5分；依据评估结果制订维修方案，方案不合理，扣5分	
	4	损伤校正	修复校正损伤	20	校正后各位置测量尺寸±3mm以内，一个数据不达标，扣5分，扣完为止	
	5	切割更换	前纵梁局部切割更换	20	更换后质量及尺寸达到标准要求，一个尺寸超过±3mm，扣3分；一处焊接不合格，扣3分，扣完为止	
	6	应力消除	对修复及焊接位置消除应力	5	采用合适的方式对前纵梁修复及焊接位置消除应力，未操作，不得分；操作不正确，一次扣1分，扣完为止	
	7	防腐	修复及更换位置防腐作业	10	未按照要求对维修位置防腐，扣5分；遗漏一处，扣2分	
	8	现场5S管理	场地、设备、工具5S整理	5	场地未清洁，扣1分；设备工具未归位，每件，扣1分	
		分数总计		100	最终得分	

考核员签字：＿＿＿＿＿＿＿＿＿＿　　　　　　　　　　　日期：＿＿＿＿年＿＿月＿＿日

任务8　铝车身板件损伤维修与焊接(三级)

▶ 建议学时:8 学时

一、知识要求

1. 了解铝金属的来源及基本属性。
2. 知道铝合金材料在汽车中的应用。
3. 熟悉铝合金材料的分类。
4. 掌握铝合金材质的物理、化学、加工、焊接特性。
5. 掌握铝质板件损伤维修知识。
6. 掌握铝合金钣金焊接知识。

二、技能要求

1. 能使用专用工具、设备整形修复铝质板件损伤,并知道质量评价标准。
2. 能使用铝合金焊接专用工具设备,对铝合金板件焊接成形。

一、铝金属的来源及类型

1. 铝金属的来源

在地球表面,铝元素约占8%(蕴藏量第三多的常见元素,铁元素约占6%),铝元素在自然环境中不会单独存在,通常与酸性物质组合成矿物型化合物。铝金属来自铁铝氧石,如图3-13所示。

图3-13　铝金属的来源

2. 铝合金的类型

汽车用的铝材都是以铝合金形式出现,主要类型分为传统铝合金和泡沫铝合金。

(1) 传统铝合金。传统铝合金根据合金传统铝合金根据合金元素的含量和加工工艺性能特征可分为铸造铝合金和变形铝合金。

①铸造铝合金是指通过铸造成型可直接制成零件而使用的铝合金,但使用之前需经过机械加工。铸造铝合金主要用于制造壳体类零件(离合器壳体、变速器壳体、后桥壳、转向器壳体等)和发动机部件以及保险杠、轮辋、发动机框架、制动钳、制动盘等非发动机部件。

②变形铝合金又可称为加工铝合金,必须先铸成铝锭,然后热轧成带坯或用双辊式连续铸轧机制成带坯,再冷轧成板、带、箔,也可以用铸造锭挤压成管、棒、型材或锻压成锻件,用户用这些半成品材料制成各种各样的零部件。变形铝合金主要用于制造保险杠、发动机舱盖、车门行李舱盖等车身面板和车身框架、座椅骨架、车厢底板等结构件。

(2)泡沫铝合金。泡沫铝合金是一种在金属基体中分布有无数气泡的多孔材料,它可以通过去除夹在铝中的其他物质来获得,如烧结、电镀、铸态渗流法等,也可以在熔融态的铝中产生气泡来制造,如发泡法和气泡法等。这种材料的质量更轻、强重比更高,并具有高的吸能特性、高阻尼特性和吸振特性;将泡沫铝填充于两个高强度外板之间制成的三明治板材,在用于车身顶盖板时,可提高刚度、轻量化并改善保温性能,用在保险杠、纵梁和一些支柱零件上时,可以增加撞击吸能的能力,在轻量化的同时,提高了撞击安全性;因此,泡沫铝材也是特殊的轻量化材料。

(3)按合金元素的分类。铝合金按照合金元素不同可以分为1000到7000系列,其特性见前文表2-31,此处不赘述。用于汽车车身板的铝合金主要有Al-Cu-Mg(2000系)、Al-Mg(5000系)、Al-Mg-Si(6000系)以及铝基复合材料。

①Al-Cu-Mg系(2000系列)合金,2000系列铝合金具有良好的锻造性、高的强度、良好的焊接性能,可热处理强化等特点,但它的抗腐蚀性比其他铝合金差。2000系列铝合金中,2036合金已广泛用于生产车身板。2036-T4合金板广泛用于轿车车身外板,如车顶、底板等,取代钢板时,可使外覆盖件减轻55%~60%。

②Al-Mg系(5000系列)铝合金,5182-0合金板特别适合于要求用延展方法成型的零部件,有好的冲压成型性能,适合于制造汽车车身内板,使用部位可以在车顶、行李舱盖、地板、空气滤清器和车门处等。

③Al-Mg-Si系(6000系列)合金,6009-T4的合金板材可成型为汽车覆盖件,成型性能与5182-0合金板相近。使用部位包括车顶、行李舱盖、车门、侧围板、挡泥板等。6010-T4的成型性能与2036-T4相似,能提供更高的强度,主要应用在车顶、行李舱盖、挡泥板等。

二、铝合金材料的物理属性

我们都知道在车身上面应用铝合金的最大好处是可以有效降低车重并提高车身的抗腐蚀能力。其实,纯铝的耐腐蚀性相比较各种系列的铝合金而言更好,但因为强度太弱,如果使用于车身上,零件的承受载荷能力满足不了车身的要求,所以在纯铝的基础上加入合金元素用以提高材质的强度。在提高强度的同时,铝合金的耐腐蚀性能则相应的有所降低。为什么铝合金相比其他金属材质要轻呢?这个跟材料的密度有关。比如油加入水中,油始终浮在表面,是因为油的密度比水更小。同理,铝合金的密度大约为钢材的1/3,钢材的密度在7.8~7.85g/cm^3,而铝合金材质的密度只有2.7g/cm^{3}左右。所以,同样大小的零件,换成铝合金材料制造,质量只有原来的1/3。从一个维修人员的角度出发,除了密度和耐腐蚀性能以外,我们需要更多地了解铝合金这种材质的物理属性,以便在维修过程中实际应用。具体的铝合金物理属性请见表3-35。

铝合金的物理属性 表3-35

属 性	特 点	导 致 效 应
导热性	大约是钢的4倍	难以在确定点集中热量
熔化特性	熔点是钢的一半,钢:1540℃,铝:660℃;熔化时不发生色变	加热时容易烧穿,在可控温度下,使用热敏笔监控加热位置
导电性(铝的电阻率为26.548($\rho/n\Omega \cdot m$),钢的电阻率为97.1($\rho/n\Omega \cdot m$))	是钢的3.5~4倍	无法进行点焊(在BP车间)
氧化性	表面会很快生成一层熔点极高的氧化膜(2020℃)	防锈氧化膜生成,可以保护下层金属,但这也使与底材金属的熔合受到抑制
热膨胀	大约是钢的2倍	形成焊接变形,必须遵照焊接程序
硬化收缩	大约是钢的1.5倍	硬化后容易断裂

三、铝合金材料的化学特性

所有的金属都会和大气中的氧气发生反应,在表面形成氧化膜,普通钢板发生氧化反应后形成亚氧化铁,如果氧化不断继续,则锈蚀不断扩大,最终形成孔洞。如图3-14所示。

图3-14 金属的锈蚀

铝金属经过打磨处理后,氧化膜就会逐渐形成,加热过后收缩速度非常快,但铝金属表面本身具有抗氧化性,所以不会生锈(氧化膜大约30min形成),铝材发生腐蚀主要是电化学腐蚀,在铝板和钢板之间形成电化学腐蚀的主要原因是金属之间的电位差使金属的电子流动。

四、铝合金材料的加工特性

铝合金板和钢板的加工特性比较见表3-36。

铝板和钢板的加工特性 表3-36

方 法	钢 板	铝 合 金 板
锤击	铁锤 木槌	木槌 塑料锤
垫圈焊接	可能	不可能 (需要铝车身修复设备)
点焊	可能	无法在钣喷修理车间进行
MIG(金属惰性体)焊接	使用CO_2,CO_2+氩气	可以使用100%氩气 (无法使用CO_2气体)

表3-36是一个简化的清单,其中列出了钢板和铝合金板的可加工性差异。首先,由于铝较软,敲击时应当使用木槌。同样,在打磨时须特别小心,避免在表面造成深的刮痕或切

痕。进行垫圈焊接时需使用专用的铝车身焊机。无法使用用于焊接钢板的垫圈焊机。同时,因为铝材的导电性好,在钢板维修车间的电阻点焊机的功率目前无法满足铝板焊接的需求,所以无法再一般的车身面板车间进行点焊。对于 MIG 焊接,只有借助 100% 氩气才能进行焊接。无法使用二氧化碳气体或混有氩气的二氧化碳气体。

五、铝合金材料的焊接特性

铝合金由于重量轻、比强度高、耐腐蚀性好、无磁性、成型性好等特点被广泛应用。但是铝合金板件焊接性能与钢制板材比较而言,焊接性能差。铝合金焊接的特点如下。

(1)铝合金的焊接接头软化严重,强度系数低,这也是阻碍铝合金应用的最大障碍。

(2)铝合金表面容易产生难以熔化的氧化膜(熔点在 2050℃左右),氧化膜会阻碍焊接电弧的稳定燃烧,这就需要大功率和高密度的焊接工艺。

(3)铝合金焊接容易产生气孔,其在液态时会溶解大量的氢气,氢气在焊接时来不及溢出,就会形成气孔。

(4)铝合金焊接容易产生裂纹。

(5)因铝合金材料的线膨胀系数大,容易产生焊接变形。

(6)铝合金的热导率大,约为钢材的 4 倍。相同的焊接速度下,热量输入比钢材大 2~4 倍。因此,铝合金焊接要求采用能量密度大、焊接热输入小、焊接速度高的高效焊接方法。

任务实施

一、实训资源

(1)实训场地:铝合金板件损伤维修及焊接理实一体化培训室。

(2)实训车辆:铝焊机、铝板件外形修复机及其附件(根据实训人数配置套数)。

(3)工具耗材与设备:焊接/维修工作台、车门等附件夹具、铝制板件维修焊接专用手工具套装、加热及温度监控工具、铝制板件研磨工具、游标卡尺、车身板件外形检测样板、直尺、劳保用品。

二、安全注意事项

(1)铝合金板件在焊接过程中由于高温电弧的作用,会产生铝粉尘和烟尘。这种烟尘的颗粒度较小,容易在空气中长时间悬浮,对焊工的呼吸系统危害较大。为防止铝粉尘和烟尘的吸入,在对铝合金把板件焊接、损伤维修时佩戴焊接专用口罩。

(2)如果工作的车间长时间弥漫烟尘,应长时间佩戴防护口罩。同时,焊接区域应该保持通风良好。

(3)铝合金焊接修车间应有防爆措施,焊接前彻底清除粉尘,不允许有粉尘进入明火场所。

三、操作过程

1. 准备工作

铝合金板件损伤维修准备操作方法及说明见表 3-37。

铝合金板件损伤维修准备操作方法及说明 表 3-37

步骤	操作方法及说明	质量标准及记录
1. 穿戴安全防护用品	铝合金板件维修主要的防护用品有：工作服、工作帽、安全鞋、防尘口罩、棉纱手套、护目镜、耳塞等	□是否穿戴好工作服、工作帽、安全鞋 □是否正确佩戴护目镜、耳塞、防尘口罩
2. 判断铝板损伤	判定受损区域的方法同钢板维修损伤判定的方法相同，分为目视法、触摸法、对比法、指压法等。各种判定损伤的方法在前面章节已详细介绍，此处不再赘述； 目视法、触摸法、对比法、指压法等损伤判定方法需灵活运用，在维修前、维修中、维修后视情选用	□目视法初步判断 □触摸法确认 □对比法检测 □指压法确认强度及延展
3. 标记受损区域范围	判断损伤后，使用油性笔对受损范围标识； 标识损伤范围时，以直接损伤处为中心，先标识上下左右边界位置损伤位置，再光滑的曲线连接起来，如下图所示：	□使用油性笔标识受损范围
4. 调试设备	调试铝外形修复机铝钉熔植、炭棒缩火处理的电流和时间，在保证强度足够前提下将热量降低至最少。使用与车身部件相同厚度和材质的板件调试； 电流和时间调节，从低挡位向高挡位依次调节	□调试铝外形修复机铝钉熔植、炭棒缩火电流和时间 □测试铝钉熔植的强度与热量

2. 铝合金板件损伤维修操作步骤

铝合金板件损伤维修操作方法及说明见表 3-38。

铝合金板件损伤维修操作方法及说明   表 3-38

步骤	操作方法及说明	质量标准及记录
1. 去除旧漆膜	使用不锈钢钢丝轮或者研磨机去除表面的油漆和表面氧化物，铝合金表面杂质必须完全去除干净，否则很容易发生氧化现象。 （1）使用新砂纸研磨，防止旧砂纸铁屑遗留在铝合金表面，导致铝合金板件被腐蚀； （2）选择 P120 砂纸； （3）依据标识范围研磨到裸金属	□去除旧漆膜
2. 对损伤区域加热处理（必要时进行）	使用热风枪对受损部位均匀加热，同时用湿布对未受损部位覆盖，避免加温时热传导超过受损范围。注意不要过度加热，否则铝合金的强度会变得很弱。加热过程中除通过热敏材料颜色变化判断外，也可以使用红外线测温仪实时监控。 温度测量材料应用于距加热区域10cm附近 加热要求： （1）加热温度控制：200℃或者温度指示材料干燥时； （2）加热时通过热敏材料变色或者测温仪实时监控加热温度	□加热处理
3. 使用手锤/手顶铁维修损伤	加热后迅速使用手锤和手顶铁配合，对维修区域立即敲打整平作业（因铝合金的冷却速度快），如果损伤较大，可重复平整修复。 如果损伤发生在角落棱线处，需要注意表面可能还会存在折痕及内应力，重复使用手锤及手顶铁整平折痕，使之平顺并消除内应力。 在修铝合金板前，须彻底清洁手锤、手顶铁表面；将一套工具单独留作维修铝合金板件用，否则，如果有铁屑留在铝合金表面，易导致腐蚀。	

续上表

步骤	操作方法及说明	质量标准及记录
3. 使用手锤/手顶铁维修损伤	迅速对加热后的区域进行敲击修理 操作要点： (1)敲击方式：虚敲； (2)手锤和手顶铁选用：铝合金专用的木质材料	□手工具维修损伤
4. 清洁板件受损区域表面	如果损伤使用手锤手顶铁无法修复，可以使用专用的铝合金外形修复机，使用连接铝钉进行拉拔作业前，清洁受损区域。用吹尘枪将表面的微小粒子清除干净，再使用脱脂剂对受损部位作脱脂清洁处理。 湿的擦拭纸　干的擦拭纸　空气枪 质量要求：维修表面不得有灰尘、油脂等	□清洁除油
5. 使用铝钉修复机维修损伤	将专用铝钉焊接在损伤位置凹陷最深处，如果凹陷呈沟槽状，则焊接一排螺钉，使用拉拔工具静态拉出凹陷。拉住凹陷的同时，用木槌轻敲周边高点。 修复质量标准：板件表面没有高点、低点小于1mm	铝钉拉拔修复： □凹陷位置拉拔 □轻敲周边高点

续上表

步骤	操作方法及说明	质量标准及记录
6.剪除焊钉	使用钳子剪除熔植的焊钉,剪除时注意钳口贴平板件表面,剪除过程中不可左右摇晃,防止板件表面损伤。 质量要求:焊钉剪除后板件表面不可出现孔洞损伤,有一定的打磨余量	□剪除焊钉
7.打磨修复表面	使用锉刀将修复表面的焊钉熔植位置挫平,再使用研磨打磨平整,确定表面修复状况	打磨修复表面: □挫平修复表面的焊钉 □研磨打磨平整
8.对高点或延展区域缩火	如果铝合金板件产生高点或者延展,可以对铝合金板件使用炭棒缩火。由于铝合金板具有也很强的导电性,不能在缩火区域产生集中的热量,所以不能用铜电极点缩火。 使用缩火维修的条件: (1)有局部高点; (2)有延展区域	□使用炭棒缩火处理(必要时进行)
9.维修质量确认	对于修复好损伤的铝合金板件,采用手摸、目视、测量和按压的四种方法检查损伤。与钢板损伤维修质量标准相同,修复后的铝合金板材没有高点和孔洞,低点不大于1mm。 质量要求: (1)没有高点、孔洞及延展; (2)低点不大于1mm	□维修质量确认

续上表

步骤	操作方法及说明	质量标准及记录
10. 研磨羽状边	维修后,修复表面达到质量要求,使用研磨机配120目砂纸对受损部位周边研磨羽状边,注意研磨机转速不可超过2400 r/min。 质量要求:研磨后的羽状边宽度3~5cm,漆层平滑过渡,手触摸无台阶和棱刺感	□研磨羽状边
11. 完工整理	实训场所工具、设备、场地整理和复位	按5S要求整理: □场地清洁 □设备工具清洁、整理、复位

3. 铝合金板件焊接操作方法及说明

铝合金板件焊接操作方法及说明见表3-39。

铝合金板件焊接操作方法及说明　　　　　　　　　　　　表3-39

步骤	操作方法及说明	质量标准及记录
1. 焊接材料选用	(1)焊丝:原则上选择与铝合金材质相同的焊丝;在Al-Mg系列的铝合金中,通常都推荐使用CB-AMr2、CB-AMr3等系列的焊丝,对Al-Cn合金的材料,推荐使用01201、01217系列的焊丝。 (2)焊接气体:焊丝原则上选择与铝合金材质相同的焊丝;在AL-Mg系列的铝合金中,通常推荐使用CB-AMr2、CB-AMr3等系列的焊丝,对Al-Cn合金的材料,推荐使用01201、01217系列的焊丝	选用的焊丝型号:____ 选用的保护气体:____ 氩气纯度:大于99.95%,有利于保证焊接电弧稳定防止气孔
2. 焊前清理	铝及铝合金焊接时,清理焊丝及焊接接口位置的油污和锈蚀、氧化膜等。清除质量直接影响到焊接工艺和接头质量。目前使用的清除方法包含化学清理和机械清理两种方法。 (1)化学清理法:使用丙酮、汽油、煤油等有机溶剂表面去油,用40~70℃5%~10%的NaOH碱性溶液清洗3~7min,流动清水冲洗,接着用60℃的30% HNO_3 酸洗1~3min,流动清水清洗,最后风干或者室温干燥; (2)机械清理法:使用丙酮、汽油、煤油等有机溶剂表面去油,再使用铜丝刷或者不锈钢钢丝刷清除表面杂质,直到露出金属光泽为止	□使用化学清理法清理 □使用机械清理法清理 质量要求:不可使用砂轮机研磨,因为打磨的金属碎屑残留容易使焊接接口产生夹渣等缺陷
3. 加装垫板(必要时)	铝及铝合金在高温时强度很低,在液态时的流动性能好,焊接时焊缝金属容易塌陷,可以使用铜板或者不锈钢板作为垫板支撑在焊缝背面,为保证焊缝背面成型,可在铜板或不锈钢板表面开一个圆弧形槽	□加装垫板 焊接板件厚度大于5mm,加装垫板焊接
4. 焊前预热	对于5mm以下的薄板焊接不需要预热,因为预热会加大热影响区的宽度,降低铝合金焊接接头的力学性能。厚度在5~8mm的铝件焊前需进行预热,以防止变形和未焊透,减少气孔等缺陷	□焊前预热 预热温度:不超过90℃

续上表

步骤	操作方法及说明	质量标准及记录
5.使用大力钳等工具装夹固定	使用大力钳等定位工具,对焊接的板件做固定,在固定时,为防止焊件变形,保留0.8~1mm的焊缝	□板件装夹和固定 装夹质量要求: (1)依据板件外形选择合适大力钳; (2)装夹后确保板件平齐,缝隙在标准范围内
6.定位焊接	根据板件厚度选择合适的定位焊接间距,厚度小于1.5mm,定位焊间距10~15mm。板材越薄,定位焊接间距越密,可防止在焊接时产生过大的热变形	□定位焊接 定位焊接间距: (1)焊件厚度小于1.5mm,间距为10~20mm; (2)焊件厚度1.5~3mm,间距为20~30mm
7.定位焊点打磨	定位焊接后,检查确认定位焊点质量,确认无误后使用不修钢丝轮研磨焊点表面,直至与板件表面平高	□定位焊点打磨 质量要求: (1)用不修钢丝轮研磨; (2)研磨至与板件表面平高; (3)不研磨会导致定位焊位置焊缝过高
8.起焊位置选择	为避免焊接到周边时,周边散热区域小导致烧穿,不可以在焊接边缘位置起焊和收枪	□选择起焊和终焊位置 质量要求:在板件的30mm处位置起焊,距离边缘30mm左右位置收枪
9.正式焊接	(1)焊接方向。采用逆向焊接方向焊接。焊枪的运行方向与焊枪的倾斜方向相反,可防止铝合金板材产生氧化反应; (2)焊接角度。采用10°~30°焊接; (3)选择并使用合适的保护气体及其流量; (4)焊接方式。建议使用连续焊接的方式,因为这样可以使保护气体更好的保护焊接区域	□正式焊接 质量要求: (1)逆向焊接:推焊法,焊枪指向未焊区域; (2)焊枪角度:10°~30°焊接,板材较厚,采用10°~15°焊接; (3)气体流量:10~15L/min;厚板:20~30L/min

续上表

步骤	操作方法及说明	质量标准及记录
10. 焊缝的清洁与打磨	使用钢丝刷或者研磨机配合砂纸对焊缝位置进行清洁。检查有无虚焊和漏焊位置，如果有则进行补焊接。再采用不修钢丝轮对焊缝进行打磨	□焊缝的清洁与打磨质量要求： (1) 采用不锈钢轮或者研磨机研磨； (2) 研磨至与焊接铝板表面平高
11. 完工整理	实训场所工具、设备、场地整理和复位	按5S要求整理： □场地清洁 □设备工具清洁、整理、复位

 任务评价

（1）铝合金板件损伤维修考核评分记录见表3-40。

铝合金板件损伤维修考核评分记录表   表3-40

类别	序号	项目	考核内容及要求	配分	评分标准（各项配分扣完为止）	得分
专业知识 (10分)	1	铝金属的基本属性	铝的熔点、沸点、导电、导热等基本属性	5	能完整描述出铝金属的基本属性，每错误一项，扣1分，扣完为止	
	2	铝合金材质在汽车上的应用	举例说明不通型号的铝合金材质在车身上应用	5	能列举出三个及以上的应用案例得满分，依据描述的完整性和准确性扣1~4分	
操作技能 (90分)	1	工具设备选用	按照规范要求选择使用工具设备	5	工具设备选择错误一次，扣1分；工具设备违规使用一次，扣2分，扣完为止	
	2	安全防护	规范穿戴安全防护用品	5	未铝合金板件维修安全防护用品或穿戴不规范，一项扣1分	
	3	判定、标识损伤区域	使用合适的方法判定损伤区域并正确标识	5	判定损伤方法错误，一次扣1分；标识损伤区域不准确一次扣2分	
	4	去除旧漆膜	使用双作用研磨机去除旧漆膜	5	砂纸选择不正确，扣1分；研磨区域不正确，扣1分；研磨后有残留漆膜，扣2分	
	5	对损伤区域加热	使用合适的工具对损伤区域加热	5	加热工具选用不当一次，扣1分；加热温度超标一次，扣2分；未使用湿布覆盖未受损区，扣1分	
	6	使用手锤/手顶铁维修	使用锤/手顶铁维修受损区域	5	加热后立即使用锤/手顶铁维修，敲击方式不对，一次扣1分；维修质量不符合要求，扣5分	

续上表

类别	序号	项目	考核内容及要求	配分	评分标准(各项配分扣完为止)	得分
操作技能(90分)	7	清洁板件受损区域	使用吹尘枪等清洁板件	5	用吹尘枪将尘点清除干净,用脱脂剂进行脱脂清洁处理,未做每项扣2分	
	8	使用铝钉修复机维修损伤	规范、正确使用铝钉修复机维修损伤	5	铝钉修复机使用前未试焊,扣1分;铝钉熔植位置不正确,扣1分;维修过程中出现穿孔,扣3分	
	9	缩火处理	使用合适的工具缩火处理	5	缩火工具选择不正确,扣1分;缩火前为试验及调整参数,扣2分;缩火时方法不对,扣2分	
	10	维修质量确认	维修后按照标准检查确质量	5	未做,扣5分;检查质量方法不正确,一次扣1分	
	11	羽边边与原子灰施涂	按照要求研磨羽状边、施涂原子灰	5	未做,扣5分;研磨工具和砂纸选择错误,扣1分;研磨操作不正确,扣1分;原子施涂范围及方法不正确,每次扣1分	
	12	5S管理	对现场进行5S管理	5	未做,扣5分;未清扫现场,扣1分;未整理工具设备,扣1分;工具设备未归位,每项扣1分	
	13	维修质量检查	检查维修质量	30	一处高点,扣8分(每5mm为一处);一处地点,扣5分(每5mm为一处);一处孔洞,扣10分;一处延展,扣5分(每5mm为一处);一处氧化点,扣3分(每5mm为一处)	
		分数总计		100	最终得分	

考核员签字:_____　　　　　　　　　　　　　日期:_____年___月___日

(2)铝合金板件焊接成型考核评分记录见表3-41。

铝合金板件焊接成型考核评分记录表　　　　　　　　　表3-41

类别	序号	项目	考核内容及要求	配分	评分标准(各项配分扣完为止)	得分
专业知识(10分)	1	铝合金材料的类型及特征	铝合金材料的分类及特征与应用	5	能完整描述出铝合金材料的类型、特征及其应用,每错误一项,扣1分,扣完为止	
	2	铝合金材料物理、化学、加工及焊接特性	能说出铝合金材料的物理、化学、加工及焊接特性	5	依据描述的铝合金材质特性的完整性和准确性酌情扣1~5分	
操作技能(90分)	1	工具设备选用	按照规范要求选择使用工具设备	5	工具设备选择错误,一次扣1分;工具设备违规使用,一次扣2分,扣完为止	
	2	安全防护	规范穿戴安全防护用品	5	未穿戴铝合金板件焊接安全防护用品或穿戴不规范,一次扣1分	

续上表

类别	序号	项目	考核内容及要求	配分	评分标准(各项配分扣完为止)	得分
操作技能(90分)	3	焊接材料选用	依据被焊工件正确选用焊接材料	5	焊丝选择错误,扣2分; 焊接气体选择错误扣1分; 焊接气体流量调节不正确,扣2分	
	4	焊前清理	焊前对焊接表面清洁、除油	5	未做,扣5分; 清理后表面有油漆层,扣1分; 清理后表面有油脂,扣2分; 清理后表面有锈蚀,扣1分	
	5	加装垫板	厚度大于5mm的板件焊接时加装垫板	5	未做,扣5分; 加装垫板位置不正确,扣3分; 加装垫板固定不牢固,扣2分	
	6	焊前预热	厚度大于5mm的板件	5	厚度小于5mm的板件不预热,预热范围不正确,扣2分; 预热温度超标,扣3分	
	7	装夹固定	使用大力钳等工具对焊接板件装夹固定	5	装夹不牢固,一次扣1分; 装夹位置不准确,一次扣1分; 装夹后缝隙不在范围内,扣3分	
	8	定位焊接	使用点焊对板件进行定位焊接	5	定位焊接间距不合理,扣3分; 定位焊焊点咬边,扣1分; 定位焊背面无熔深,每点扣1分	
	9	定位焊点打磨	使用研磨机打磨定位焊点	5	定位焊点过度打磨,扣2分; 定位焊点打磨未到位,扣2分; 使用工具及材料不正确,扣1分	
	10	正式焊接	对板件焊缝位置进行焊接成型	5	起焊位置不正确,扣1分; 焊接角度和方向不正确,扣1分; 焊接保护气体流量调节不正确,扣1分	
	11	焊缝的清洁与打磨	焊缝质量检验后使用合适的工具设备对焊缝进行研磨清洁	5	研磨工具不正确,扣1分; 研磨位置不正确,扣1分; 研磨后表面有残余的焊点,每处扣1分	
	12	5S管理	对现场进行5S整理	5	未做,扣5分; 未清扫现场,扣1分; 未整理工具设备,扣1分; 工具设备未归位,每项扣1分	
	13	焊接质量检查	检查焊接质量	30	焊疤宽度5~8mm,超标每处扣2分; 焊疤高度正面小于2mm,背面有熔核成直线,不合格每处扣2分; 气孔,每处扣1分; 咬边,每处扣1分; 未熔合,每处扣5分; 超穿,每处扣5分	
		分数总计		100	最终得分	

考核员签字:_____ 日期:_____年___月___日

模 拟 试 题

汽车车身整形修复工技能等级认定四级
理论知识试卷(样卷)

注 意 事 项

1. 考试时间:90分钟。
2. 请首先按要求在试卷的标封处填写您的姓名、准考证号和所在单位的名称。
3. 请仔细阅读各种题目的回答要求,在规定的位置填写您的答案。
4. 不要在试卷上乱写乱画,不要在标封区填写无关的内容。

题　号	一	二	总　分
得　分			

得　分	
评分人	

一、判断题(第1~20题。请将判断结果填入括号中,正确的填"√",错误的填"×"。每题1分,共20分)

(　)1. 碰撞后的车身会因为车身结构、碰撞时的受力方向、碰撞时受力大小的不同而产生不同的变形。

(　)2. 承载式车身与车架通过弹簧或橡胶垫柔性连接在一起。

(　)3. 碰撞后车身或者车架出现左右弯曲变形,承载式车身和非承载式车身都可能出现。

(　)4. 承载式车身碰撞后,也可能发生棱形变形损伤。

(　)5. 可以通过观察门隙的变化和门高的变化来判断是否发生了增宽变形。

(　)6. 承载式车身没有车架,车身各部件通过焊接形成一个整体式车身。

(　)7. 使用中心量规测量可以判断出车身是否有弯曲、翘曲或扭曲变形。

(　)8. 当用钢卷尺测量孔的中心距时,必须先找准孔的中心,从孔的中心开始测量。

(　)9. 为保证发动机舱盖的刚性,发动机舱盖不能设置吸能区。

(　)10. 发动机舱盖打开至最大开启角度时,其与前风窗玻璃至少保持20mm的最小间隙。

(　)11. 汽车发动机舱盖拆装前应该断开蓄电池负极。

(　)12. 安装行李舱盖铰链螺栓进行首次预紧时,无须拧紧力矩。

(　)13. 拆卸与安装行李舱盖应由单人完成,防止损伤附件。

(　)14. 大多数金属材料都具有弹性、塑性、冷加工硬化和热影响等性能。

(　)15. 金属在外力载荷的作用下,随着外力的增加,可先后发生弹性变形、塑性变

183

形,最后断裂损坏。

（　　）16. 当外力去除后,能够恢复到原样的变形成为塑性变形。

（　　）17. 手锤和手顶铁维修损伤,通常使用虚敲和实敲两种方法。

（　　）18. 虚敲主要用于精修阶段。

（　　）19. 外形修复机可以对焊接垫圈、焊钉、螺柱、星形焊片等进行拉伸操作,还可以使用铜触头和碳棒进行收缩操作。

（　　）20. 维修钢板损伤时,操作人员应穿着工作服和工作鞋、戴工作帽,必要时戴护目镜、耳塞和口罩。

得　分	
评分人	

二、单项选择题（第1~80题。请选择一个正确答案,将相应字母填入括号内。每题1分,共80分）

1. （　　）是对公民职业行为准则的价值评价,要求公民忠于职守、克己奉公、服务人民、服务社会,充分体现了社会主义职业精神。
   A. 爱国　　　B. 敬业　　　C. 诚信　　　D. 友善

2. （　　）和接受监督是遵守国家法律、法规和规章,端正经营行为。
   A. 守法经营　　B. 诚信为本　　C. 尊重客户　　D. 弘扬职业道德

3. 重视（　　）,环保意识强是搞好文明生产和安全生产的重要内容。经营者要防止污染,保护环境,不断完善服务设施和服务功能。
   A. 守法经营　　B. 安全文明生产　　C. 诚信为本　　D. 尊重客户

4. 废油、废液、废气、废蓄电池、废轮胎及垃圾等（　　）物质集中收集,有效处理。
   A. 一般　　　B. 有害　　　C. 废弃　　　D. 可回收

5. （　　）鼓励推广应用机动车维修环保、节能、不解体检测和故障诊断技术,推进行业信息化建设和救援、维修服务网络化建设,提高机动车维修行业整体素质,满足社会需要。
   A. 机动车维修管理规定　　　　B. 环保法规
   C. 道路运输从业人员管理规定　　D. 交通法规

6. 影响汽车碰撞变形的因素包括驾驶人的预先反应、碰撞物、行驶方向和（　　）。
   A. 车辆类型　　B. 车辆速度　　C. 碰撞方向　　D. 碰撞角度

7. 碰撞点在汽车前端较高部位时,会引起车壳和车顶后移而（　　）。
   A. 后部上浮　　B. 后部下沉　　C. 后部偏斜　　D. 后部弯曲

8. 如碰撞点在汽车前端下方,车身惯性会引起汽车后部（　　）。
   A. 向左变形　　B. 向下变形　　C. 向右偏斜　　D. 向上变形

9. 质量相近、车速相同的汽车发生碰撞,碰撞接触面积越大,损伤（　　）。
   A. 越大　　　B. 越轻　　　C. 不变　　　D. 越小

10. 目视检查车身损伤,通常检查的部位是钣件的连接部位、零件的棱角和（　　）。
    A. 中间部位　　B. 拱起部位　　C. 边缘部位　　D. 凹陷部位

11. 承载式车身的损伤次序一般为:左右弯曲、上下弯曲、断裂损伤、扭曲变形、（　　）。
    A. 棱形变形　　B. 凹陷变形　　C. 翘曲变形　　D. 增宽变形

12. 根据使用工具和测量方式的不同,测量方法有测距法、中心量规测量法、(　　)。
　　A.激光测量法　　B.机械测量法　　C.三维测量法　　D.坐标法

13. 汽车发动机舱盖、行李舱盖结构由多个(　　)的薄板金属件组成。
　　A.冷冲压成型　　B.热冲压成型　　C.铸造成型　　D.焊接成型

14. 发动机舱盖(　　)上安装着风窗玻璃清洗剂喷嘴和部分装饰件。
　　A.外板　　　　B.内板　　　　C.加强板　　　　D.隔音垫

15. 发动机舱盖铰链、撑杆、密封条、锁扣及隔音垫等通常安装在发动机舱盖(　　)上。
　　A.外板　　　　B.内板　　　　C.加强板　　　　D.车身线

16. 通常发动机舱盖的(　　)与加强板采用电阻点焊的形式组合在一起。
　　A.外板　　　　B.内板　　　　C.加强板　　　　D.车身线

17. 以下哪一项不属于发动机舱盖拆装确认车辆安全的注意事项。(　　)
　　A.将车辆移到干净、安全位置　　B.检查车辆驻车情况
　　C.安装车身防护三件套　　　　D.车身外部清洁

18. 行李舱盖开启的支撑件一般用(　　)及四连杆铰链。
　　A.平行铰链　　B.支架铰链　　C.钩形铰链　　D.弯曲型铰链

19. 行李舱盖如果采用(　　),背门内板侧要嵌装橡胶密封条,围绕一圈以防水防尘。
　　A.背门形式　　B.开门形式　　C.掀背形式　　D.铰链形式

20. 汽车发动机舱盖、行李舱盖拆装需要用到工具套装、一字螺丝刀、(　　)等。
　　A.卡扣拆卸工具　　　　B.自攻螺丝拆装工具
　　C.气动拆装工具　　　　D.电动拆装工具

21. (　　)主要用于拆卸喷水器总成及液压撑杆卡簧。
　　A.一字螺丝刀　　B.卡扣拆卸工具　　C.扭力扳手　　D.游标卡尺

22. 汽车座椅主要由(　　)、泡沫、面罩和塑料件组成。
　　A.内板　　　　B.外板　　　　C.加强板　　　　D.骨架

23. 汽车座椅套常用的材料有皮革、人造革和(　　)。
　　A.丝绸　　　　B.镀铬材料　　C.木板　　　　D.织物

24. 座椅发泡主要是将(　　)与反应活性较低的多元醇通过一系列化学反应混合而成。
　　A.甲苯二异氰酸酯(TDI)　　B.聚丙烯
　　C.聚碳酸酯　　　　　　　　D.丙烯酸

25. 座椅(　　)在乘客安全保护和与车厢地板的连接方面起着重要的作用。
　　A.框架　　　　B.靠背　　　　C.软垫　　　　D.头枕

26. 汽车座椅框架结构主要包括管架结构、(　　)、管板结构和纯板结构。
　　A.框架结构　　B.钢丝结构　　C.线条结构　　D.金属结构

27. 汽车座椅管架结构和钢丝结构的骨架主要用于(　　)车辆。
　　A.低端　　　　B.高端　　　　C.中端　　　　D.豪华型

28. 汽车座椅纯板式结构用于功能要求高的(　　)车型。
　　A.低端　　　　B.高端　　　　C.中端　　　　D.豪华型

29. 汽车普通天窗的基本结构通常由框架总成、( )、遮阳板总成、挡风板总成、排水槽总成、机械组等子系统组成。
  A. 钢结构总成 B. 玻璃总成 C. 铝合金 D. 密封条
30. 天窗主体框架结构大多为( )金属框。
  A. H形 B. L形 C. G形 D. N形
31. 汽车天窗前框为塑料结构,与金属框架通过( )和螺栓连接的方式连接。
  A. 螺钉连接 B. 卡扣连接 C. 铰链连接 D. 锁扣连接
32. 汽车的前风窗玻璃多以夹层钢化玻璃或( )为主。
  A. 夹层区域钢化玻璃 B. 平板玻璃
  C. 防弹玻璃 D. 热成型玻璃
33. 汽车车门外板损伤维修时,判断损伤的方法主要有目视法、触摸法、测量法和( )。
  A. 投影法 B. 指压法 C. 观察法 D. 锤击法
34. 汽车车门外板损伤维修时,以下哪项安全防护用品可以不用戴。( )
  A. 皮手套 B. 护目镜 C. 耳塞 D. 防尘口罩
35. ( )是指用钣金锤和垫铁为主要工具,通过敲击拉紧部位使之放松,从而使变形板件恢复原状。
  A. 热收缩法 B. 锤击法 C. 拍击法 D. 冷作法
36. 利用( )对金属板件收缩处理,俗称"收火"。
  A. 热收缩法 B. 火焰法 C. 拍击法 D. 冷作法
37. 钢板在受热时,受热区域会( )。
  A. 膨胀 B. 收缩 C. 压缩 D. 不变
38. 使用电热法收缩时,如果需要大面积收缩,适宜选择( )收缩。
  A. 碳棒 B. 铜电极 C. 铁电极 D. 铝合金电极
39. 使用铜电极压住板件维修部位缩火处理时,通电保持( )。
  A. 8~10s B. 4~6s C. 3~5s D. 1~2s
40. 根据其特性,可将塑料分为热固性塑料件和( )件两大类。
  A. 热塑性塑料 B. 热熔性塑料 C. 热成型塑料 D. 热硬化塑料
41. ( )可通过加热使其软化冷却后又可硬化成型。
  A. 热塑性塑料 B. 热熔性塑料 C. 热成型塑料 D. 热硬化塑料
42. ( )件在受热初期具有一定的可塑性,但随着继续加热,塑料中的树脂与催化剂反应生成新的成分而硬化。
  A. 热塑性塑料 B. 热固性塑料 C. 热成型塑料 D. 热硬化塑料
43. 塑料件局部小范围变形时,可用( )等对变形部位进行加热。
  A. 塑料焊机 B. 热风枪 C. 温控仪 D. 外形修复机
44. 塑料损伤维修时,( )主要用于小面积的研磨处理。
  A. 抛光机 B. 调温式小熨斗 C. 热风枪 D. 气动冲击钻
45. 车门由门外板、( )、门窗框、门玻璃导槽、门铰链、门锁及门窗附件等组成。
  A. 后视镜 B. 门内板 C. 门线条 D. 门把手

46. 车门外板由( )的钢板冲压成型。
    A. 0.6~0.8mm   B. 0.5~0.7mm
    C. 1.2~1.5mm   D. 2~3mm

47. 车门内板由( )的钢板冲压成型。
    A. 0.6~0.8mm   B. 0.5~0.7mm
    C. 1.0~1.2mm   D. 2~3mm

48. 为了方便乘客上下车,车门最大开度控制在( )之间。
    A. 65°~70°   B. 30°~45°   C. 45°~60°   D. 80°~90°

49. 车门损伤维修时,去除旧漆膜最适合的工具是( )。
    A. 单作用研磨机   B. 双作用研磨机
    C. 皮带式研磨机   D. 滚轮式研磨机

50. 车门损伤维修时,消除缩火处理痕迹最适合的工具是( )。
    A. 单作用研磨机   B. 双作用研磨机
    C. 皮带式研磨机   D. 滚轮式研磨机

51. 车身外形修复机熔植焊接垫片,采用的原理是( )。
    A. 电阻热原理   B. 电流热原理
    C. 摩擦原理   D. 导热原理

52. 车门损伤维修时,双作用研磨机配合( )砂纸可用于制作羽状边。
    A. P60   B. P80   C. P120   D. P180

53. 损伤维修焊接垫圈时,垫圈之间合适的距离是( )。
    A. 5mm   B. 8mm   C. 10mm   D. 20mm

54. 使用碳棒螺旋运枪缩火处理,以( )直径划螺旋状的圆圈进行。
    A. 5mm   B. 8mm   C. 10mm   D. 20mm

55. 在车门的内侧对修复部位的背面进行防腐处理使用的产品是( )。
    A. 锌粉底漆   B. 防锈蜡
    C. 环氧树脂底漆   D. 面漆

56. 发动机舱盖内板的主要作用是( )。
    A. 增强刚性   B. 增加厚度
    C. 提供支撑   D. 美观

57. 使用触摸法判断损伤时,佩戴的手套类型是( )。
    A. 棉手套   B. 皮手套
    C. 羊皮手套   D. 焊接手套

58. 车门框架由( )和加强件组成。
    A. 覆盖件   B. 加强件   C. 车身线条   D. 门把手

59. 汽车前车身立柱(A柱)一般由( )钢板冲压焊接而成。
    A. 3层   B. 2层   C. 4层   D. 1层

60. 如果碰撞事故导致车门框架后移,则车门会( )。
    A. 前移   B. 下垂   C. 上顶   D. 不变

61. 维修车门框架损伤时,以下哪个部位不需要遮蔽( )。
    A. 仪表台　　　B. 保险杠　　　C. 右前座椅　　　D. 后排座椅
62. 维修车门框架变形,最常用的工具是( )。
    A. 油压式组合功能千斤顶及连杆　　　B. 冲击锤
    C. 外形修复机　　　D. 气体保护焊机
63. 汽车发动机舱盖板棱线(穿孔)损伤修复维修设备包括( )、拉拔组合套件、单作用研磨机、双作用研磨机等。
    A. 车身修复机　　　B. 手锤　　　C. 手顶铁　　　D. 热风枪
64. ( )可以对小凹陷进行焊接、拉拔修复,也可以对小高点进行缩火修复作业。
    A. 碳棒　　　B. 三角垫片　　　C. 手顶铁　　　D. 铜电极
65. ( )配合P120圆形砂纸调整好合适的转速可以对修复部位进行羽状边打磨。
    A. 滚轮式研磨机　　　B. 皮带式研磨机
    C. 双作用研磨机　　　D. 单作用研磨机
66. 维修以后的车门外板,允许比原始表面低( )以内。
    A. 1mm　　　B. 2mm　　　C. 3mm　　　D. 4mm
67. 车身上所用的金属材料分为黑色金属材料和( )。
    A. 铝合金　　　B. 塑料　　　C. 玻璃　　　D. 有色金属材料
68. 车身结构按照是否有独立车架,分为承载式车身和( )
    A. 悬架式车身　　　B. 骨架式车身　　　C. 框架式车身　　　D. 非承载式车身
69. 使用触摸法判断损伤时,应从( )贯穿损伤区域,再到未损伤区域。
    A. 未损伤区域　　　B. 车身线位置　　　C. 平坦位置　　　D. 拱起位置
70. 修复保险杠损伤时,对表面损伤区域进行打磨,打磨区域边线距离损伤( )。
    A. 10~20mm　　　B. 20~30mm　　　C. 30~50mm　　　D. 50~100mm
71. 塑料件损伤维修时,首先对塑料焊条和试焊部位预热、( ),检查焊接质量。
    A. 除油　　　B. 清洁　　　C. 冷却　　　D. 试焊
72. 热固性塑料件发生损伤时,一般通过( )维修。
    A. 粘结法　　　B. 焊接法　　　C. 外形修复法　　　D. 挖补法
73. 通过人的肉眼观察,直接发现车身凹坑的位置及类型,即为( )。
    A. 指压法　　　B. 焊接法　　　C. 测量法　　　D. 目视法
74. 对于一些小凹坑,用( )检查难度比较大,必须借助荧光灯进行照明检查。
    A. 指压法　　　B. 焊接法　　　C. 测量法　　　D. 目视法
75. 触摸法是车身覆盖件损伤检查的一种主要方法,凭手掌的( )判断损伤。
    A. 敏感度　　　B. 平面度　　　C. 对比度　　　D. 力度
76. 使用按压法检查维修部位的强度,需要施加适当的压力,通常( )即可。
    A. 五指前端指甲变白　　　B. 拇指前端指甲变白
    C. 中指前端指甲变白　　　D. 握拳紧压
77. 以下哪项不是保险杠的作用( )。
    A. 减轻人员伤亡和车辆损坏　　　B. 为照明系统提供了一定的安装空间

C. 装饰美化车身 D. 增加车身刚性
78. 以下哪种材料主要用于汽车前照灯( )。
 A. PRU B. PP C. PTR D. PMMA
79. 汽车前翼子板一般使用( ),厚度在 0.75mm 左右。
 A. 高强度镀锌钢板 B. 超高强度钢
 C. 热成型钢 D. 铝合金材质
80. 氙气灯是指内部充满包括氙气、( )在内的惰性气体混合体的灯。
 A. 氩气 B. 氖气 C. 氦气 D. 二氧化碳

汽车车身整形修复工技能等级认定四级技能考核试卷（样卷）

注 意 事 项

1. 考试时间：100 分钟。
2. 请首先按要求在试卷的标封处填写您的姓名、准考证号和所在单位的名称。
3. 请仔细阅读各种题目的回答要求，在规定的位置填写您的答案。
4. 不要在试卷上乱写乱画，不要在标封区填写无关的内容。

题 号	一	二	三	总 分
得 分				

得 分	
评分人	

一、汽车前翼子板损伤检测

1. 本题分值：25 分
2. 考核时间：20min
3. 考核形式：实际操作
4. 具体考核要求：

(1) 正确、规范使用工量具。
(2) 按操作规程检测前翼子板损伤并标识。
(3) 按操作规程使用样板规、手掌触摸、拇指按压、目视等方法检测前翼子板损伤。
(4) 能正确查阅维修资料，检查分析损伤维修质量，确保达到维修标准。
(5) 作业过程规范、安全、有序、整洁、合理。

5. 否定项说明：

若考生发生下列情况之一，则应及时终止其考试，考生该试题成绩记为零分。

(1) 考生没按规定要求穿戴劳保用品。
(2) 操作过程中出现严重违规操作。
(3) 造成人身伤害或设备损坏。

6. 作业工单：

序号	操作步骤	作业内容	完成情况
1	清洁除油	对汽车前翼子板清洁	□已完成　□未完成
		对汽车前翼子板除油处理	□已完成　□未完成
2	目视判断损伤位置	使用目视法，通过光线折射原理初步判断损伤位置	□已完成　□未完成

续上表

序号	操作步骤	作业内容	完成情况
3	触摸法判断损伤范围	使用触摸法判断损伤范围	□已完成 □未完成
4	样板规检测损伤	使用样板规,逐步对位置进行检查确认	□已完成 □未完成
5	损伤位置强度确认	使用按压法,对损伤位置机周边区域进行强度检测、确认	□已完成 □未完成
6	标识损伤高低点	使用油性笔对损伤位置逐一标识,用不同的符号标识高低点	□已完成 □未完成
7	标识损伤范围	使用油性笔标识损伤范围	□已完成 □未完成
8	再次清洁除油	对前翼子板整体清洁除油	□已完成 □未完成
9	完工检查	对前翼子板损伤检测工作整个工艺流程进行检查,确认是否有遗漏	□已完成 □未完成
10	清洁整理	清理现场(5S管理)	□已完成 □未完成

得 分	
评分人	

二、汽车前保险杠拆装与调整

1. 本题分值:35分

2. 考核时间:30min

3. 考核形式:实际操作

4. 具体考核要求:

(1)正确、规范使用工量具。

(2)按操作规程对汽车前保险杠就车拆装与调整。

(3)按操作规程拆卸前保险杠及其连接附件的卡扣、螺栓、连接器等。

(4)能正确查阅维修资料,检查分析保险杠安装质量,确保达到维修标准。

(5)作业过程规范、安全、有序、整洁、合理。

5. 否定项说明:

若考生发生下列情况之一,则应及时终止其考试,考生该试题成绩记为零分。

(1)考生没按规定要求穿戴劳保用品。

(2)操作过程中出现严重违规操作。

(3)造成人身伤害或设备损坏。

6. 作业工单:

序号	操作步骤	作业内容	完成情况
1	拆卸前准备	清空车内物品	□已完成 □未完成
		保险杠拆卸前防护	□已完成 □未完成
		断开车辆蓄电池负极	□已完成 □未完成

续上表

序号	操作步骤	作业内容	完成情况	
2	前保险杠及其连接件拆卸	拆卸散热器支架上盖板螺栓及卡扣	□已完成	□未完成
		拆卸散热器上空气导流板胶条	□已完成	□未完成
		拆卸导流板与保险杠连接卡扣	□已完成	□未完成
		拆卸连接卡扣、螺栓	□已完成	□未完成
		拆卸轮罩内衬板与保险杠连接螺栓	□已完成	□未完成
		拆卸底部衬板与保险杠连接螺栓	□已完成	□未完成
		将保险杠两侧与车身剥离	□已完成	□未完成
		松开两侧雾灯线连接器，断开两侧雾灯线插座	□已完成	□未完成
		将前保险杠与车身完全分离	□已完成	□未完成
		将拆卸完成的保险杠置于专用支撑架	□已完成	□未完成
3	前保险杠及连接件安装	按照与拆卸相反的顺序安装保险杠及连接件	□已完成	□未完成
4	前保险杠位置调整	检查并调整前保险杠与前大灯、发动机罩的配合间隙	□已完成	□未完成
5	完工检查	检查灯光、前保险杠与相邻部件平面及线条是否错位	□已完成	□未完成
6	清洁整理	清理现场(5S管理)	□已完成	□未完成

得 分	
评分人	

三、汽车车门外板凹陷型损伤修复

1. 本题分值:40 分
2. 考核时间:50min
3. 考核形式:实际操作
4. 具体考核要求：

(1)正确、规范使用工量具。

(2)按操作规程检测车门外板损伤并标识。

(3)按操作规程使用外形修复机、手锤手顶铁、研磨机等工具维修损伤。

(4)能正确查阅维修资料,检查分析损伤维修质量,确保达到维修标准。

(5)作业过程规范、安全、有序、整洁、合理。

5. 否定项说明:

若考生发生下列情况之一,则应及时终止其考试,考生该试题成绩记为零分。

(1)考生没按规定要求穿戴劳保用品。

(2)操作过程中出现严重违规操作。

(3)造成人身伤害或设备损坏。

6. 作业工单：

序号	操作步骤	作业内容	完成情况
1	清洁除油	对车门外板清洁	□已完成　□未完成
		对车门外板除油处理	□已完成　□未完成
2	维修前损伤判断	使用目测法、触摸法初步判断损伤范围	□已完成　□未完成
		使用测量法、指压法确认损伤范围、强度是否损耗	□已完成　□未完成
3	标记损伤	使用油性笔标记损伤	□已完成　□未完成
4	去除旧漆膜	使用单作用研磨机配合 P60～P80 砂纸去除损伤区域旧漆膜（范围自定）	□已完成　□未完成
5	初修损伤	使用手锤手顶铁初步维修损伤（消除弹性变形）	□已完成　□未完成
6	精修损伤	使用外形修复机修复损伤区域塑性变形	□已完成　□未完成
7	缩火处理	根据需要使用碳棒或者铜电极缩火处理（必要时进行）	□已完成　□未完成
8	维修质量确认	使用触摸、测量等方法检查损伤是否修复，达到质量标准要求	□已完成　□未完成
9	去除氧化点	使用单作用研磨机或皮带式研磨机去除损伤区域氧化、缩火痕迹	□已完成　□未完成
10	制作羽状边	使用双作用研磨机配合 P120 砂纸制作羽状边	□已完成　□未完成
11	再次清洁除油	对车门外板再次清洁除油处理	□已完成　□未完成
12	完工检查	使用检测工具对损伤维修质量自检	□已完成　□未完成
13	清洁整理	清理现场（5S 管理）	□已完成　□未完成

参 考 文 献

[1] 任超.汽车钣金维修[M].上海:华东师范大学出版社,2017.
[2] 李贤林.汽车车身板件维修与焊接[M].北京:高等教育出版社,2014.
[3] 李贤林.汽车钣金工艺[M].北京:高等教育出版社,2019.
[4] 王金泰.汽车车身修复技术[M].北京:人民交通出版社股份有限公司,2022.
[5] 朱高升,韩素芳.汽车车身覆盖件和结构件修复[M].北京:机械工业出版社,2021.